AF093932

www.ingramcontent.com/pod-product-compliance
Lightning Source LLC
LaVergne TN
LVHW010619070526
838199LV00063BA/5207
* 9 7 8 9 3 5 8 7 2 0 3 1 0 *

ببر شیر کی کہانی

اندرجیت لال

© Taemeer Publications

Babbar Sher ki kahani *(Story of the Lion)*

by: Inderjeet Laal

Edition: May '2023
Publisher & Printer:
Taemeer Publications, Hyderabad.

ISBN 978-93-5872-031-0

مصنف یاناشر کی پیشگی اجازت کے بغیر اس کتاب کا کوئی بھی حصہ کسی بھی شکل میں بشمول ویب سائٹ پر اَپ لوڈنگ کے لیے استعمال نہ کیا جائے۔ نیز اس کتاب پر کسی بھی قسم کے تنازع کو نمٹانے کا اختیار صرف حیدرآباد (تلنگانہ) کی عدلیہ کو ہوگا۔

© تعمیر پبلی کیشنز

کتاب	:	**ببر شیر کی کہانی**
مصنف	:	**اندرجیت لال**
صنف	:	ادب اطفال
ناشر	:	تعمیر پبلی کیشنز (حیدرآباد، انڈیا)
زیر اہتمام	:	تعمیر ویب ڈیولپمنٹ، حیدرآباد
سال اشاعت	:	۲۰۲۳ء
تعداد	:	(پرنٹ آن ڈیمانڈ)
طابع	:	تعمیر پبلی کیشنز، حیدرآباد – ۲۴
صفحات	:	۵۴
سرورق ڈیزائن	:	تعمیر ویب ڈیزائن

کتاب کے بارے میں

بچوں کے دل میں وطن کی محبت اور عظمت پیدا کرنے کے لیے انھیں اُس کی زندگی کے مختلف پہلوؤں سے روشناس کرنے کی ضرورت ہے۔ ہمارے یہاں بچوں کے لیے کم لکھا جاتا ہے اور وہ بھی پوری توجہ کے ساتھ نہیں لکھا جاتا۔ خوشی کی بات ہے کہ اندرجیت لال جیسے صاحبِ قلم نے بچوں کے لیے 'ببر شیر کی کہانی' پیش کی ہے۔ یہاں صحیح معلومات کو نہ صرف دلچسپ انداز میں پیش کیا گیا ہے، بلکہ حقیقت اور حکایت کے تانے بانے بھی خوب ملائے گئے ہیں ایک طرف 'ببر شیر کے رنگ روپ اور عادات و اطوار کو بیان کیا گیا ہے اور دوسری طرف اس سے متعلق کہانیاں بھی سنائی ہیں۔

اندرجیت لال صاحب عموماً انگریزی زبان میں اظہارِ خیال کرتے ہیں اور وہ بھی ادبی موضوعات پر اور بڑوں کے لیے۔ لیکن وہ اپنی تصنیف "آج کی سائنس، نئی روشنی، نئی باتیں" میں سائنسی تفکرات و ایجادات کو عام فہم زبان میں پیش کر کے دادِ تحسین حاصل کر چکے ہیں 'ببر شیر کی کہانی' سے اندازہ ہوتا ہے کہ وہ بچوں کے بھی مزاج شناس ہیں اور سادگی کے ساتھ اظہار خیال کی قدرت رکھتے ہیں۔ اس کہانی کی زبان آسان ہے۔

کتاب کے آخر میں 'فن اور ادب میں' عنوان کے ساتھ بڑی برمحل معلومات فراہم کی گئی ہے۔ ایسی کتاب میں یہ معلومات ایک نہایت مفید اضافے کی حیثیت رکھتی ہے یہ بات دلچسپی کا باعث ہے کہ شیر کا لفظ کس طرح اشخاص کے نام کا جزو بن گیا ہے یا اس سے مختلف محاورے بنتے ہیں۔

ببر شیر کو ہمارا 'قومی جانور' قرار دیا گیا ہے۔ اس سے بچوں اور بڑوں کو متعارف کرانے میں اندرجیت لال صاحب بہر طور کامیاب ہیں اور بجا طور پر توقع کی جا سکتی ہے کہ 'ببر شیر کی کہانی' پڑھنے والوں کے اندر دیش کی حیوانی دنیا میں دلچسپی پیدا کرنے کی موجب ہوگی۔

'ببر شیر کی کہانی' کتابت اور طباعت کے اعتبار سے معیار رکھتی ہے اس کا سرورق دیدہ زیب ہے اور اندر بھی حسن کاری موجود ہے۔

عبداللہ ولی بخش قادری

جامعہ ٹریننگ کالج نئی دہلی

ہماری زندگی میں جنگلی جانوروں کو کیا اہمیّت حاصل ہے۔ ہم اس سے واقف نہیں۔ اَور نہ ہی ہم اُن کی عادات، مزاج اَور خوراک کے متعلق زیادہ کچھ جانتے ہیں۔ اندازہ کیجیے اِن کے بغیر آج کے انسان کی زندگی ایک حسن و رنگینی سے محروم رہ جاتی۔ یہ جنگلی جانور ہمارے لئے ایک اچھا خاصا نظارہ بنتے ہیں۔ اور نظارہ بھی دلچسپ، عجیب و غریب اور دلکش۔

پنڈت نہرو

تعارف

اندرجیت لال دو زبانوں میں لکھتے ہیں۔ اور دونوں ہی میں بہت اچھا لکھتے ہیں۔ انگریزی دانوں کو اُردو ادب کے فکری اور فنی محاسن سے آگاہ کرانا اور اردو والوں کو سائنس اور علوم و فنون سے متعارف کرانا ان کا شغل ہے اسی حیثیت سے ان کا نام ہمارے ادبی اور علمی حلقوں میں ایک نمایاں مقام حاصل کر چکا ہے۔

اُردو میں لکھنے والے علوم و فنون کی طرف کم ہی متوجہ ہوتے ہیں۔ اندرجیت لال نے سائنس، زراعت، حیوانیات وغیرہ جیسے موضوعات منتخب کرکے اردو زبان پر احسان کیا ہے۔ ان کی یہ انفرادیت اِن کے شگفتہ اور آسان طرز بیان اور رواں و سلیس زبان کی وجہ سے اور بھی نمایاں ہو جاتی ہے۔

اس کتاب میں اندرجیت لال نے ہمارے قومی جانور "ببر شیر" کے بارے میں معلومات یکجا کر دی ہیں۔ ببر شیر کے بارے میں چند سنی سنائی باتیں تو سبھی کی دسترس میں ہیں لیکن مستند معلومات اسی کتاب میں ملیں گی۔ یہ کتاب اپنے اختصار کے باوجود عام معلومات کی سطح پر جامع ہے۔ اندرجیت لال کی یہ کوشش قابل قدر ہے۔

علی جواز زیدی

پیش لفظ

ہندوستان میں مختلف قسموں کے جنگلی جانور اور پرندے پائے جاتے ہیں۔ جو ملک کے لیے ایک عجیب وغریب برکت ہیں اور جنگلوں کا حسن قائم رکھتے ہیں اگر یہ جنگلی جانور نہ ہوتے تو ہمارے جنگل سنسان اور بے جان نظر آتے مگر افسوس کی بات ہے کہ ایک عرصہ سے وسیع پیمانے پر جنگلوں کے کٹنے اور شکاریوں کے ہاتھوں شکار ہونے کی وجہ سے ان خوبصورت اور رنگین جانوروں اور پرندوں کی آبادی دن بدن کم ہوتی جارہی ہے۔ ان حالات میں جانوروں کی دیکھ بھال اور حفاظت ایک قومی فریضہ ہو جاتا ہے۔

پچھلے چند سالوں سے بھارت سرکار نے اس کام کی اہمیت پر پورا زور اور دھیان دیا ہے خاص طور پر وزیراعظم اندرا گاندھی کی ذاتی دلچسپی کی وجہ سے جنگلی جانوروں کی دیکھ بھال اور حفاظت کے کاموں میں کافی کامیابی ہوئی ہے۔ اس سلسلہ میں مرکزی وائلڈ لائف بورڈ اور صوبائی وائلڈ لائف بورڈوں نے بھی اچھا کام کیا ہے۔ لیکن ایسی قومی اور اہم کام میں پوری کامیابی حاصل کرنے کے لیے عوام کے تعاون کی بڑی ضرورت ہے۔ اس کے لیے یہ ضروری ہے کہ عوام کو وسیع پیمانے پر جنگلی جانوروں کی اہمیت کا احساس دلایا جائے۔ انھیں جانوروں کی حفاظت کے طور طریقے بتائے جائیں۔ اور خاص طور پر عام فہم زبان میں ایسی کتابیں لکھی جائیں جنھیں سکولوں و کالجوں کے بچے اور عام لوگ دلچسپی سے پڑھ سکیں۔

شری اندرجیت لال نے زیر نظر کتاب "ببر شیر کی کہانی" لکھ کر نہ صرف ایک اہم ضرورت کو پورا کیا ہے بلکہ ایک قومی خدمت کی ہے۔ اس کتاب میں ببر شیر کے بارے میں حقیقت اور حکایتوں کو اس خوبصورتی سے سمویا گیا ہے کہ اس سے بیان میں بڑی دلچسپی پیدا ہو گئی ہے۔ مجھے پوری امید ہے۔ کہ مصنف ایسی کتابوں کا سلسلہ جاری رکھیں گے اور آئندہ بھی دوسرے جنگلی جانوروں پر اسی طرح لکھتے رہیں گے۔ تاکہ جنگلی جانوروں کی آن بان۔ اہمیت۔ عادات۔ دیکھ بھال اور حفاظت پر معلومات اور کہانیاں عوام اور خاص طور پر بچوں کو ملتی رہیں۔

تری بھون ناتھ سرلو اسلو

دیباچہ

بچّے ملک و قوم کا سرمایہ ہیں اور اس کا مستقبل بھی۔ اسی لیے اُن کی تعلیم و تربیت پر خاص توجہ دی جاتی ہے۔ محکمۂ تعلیم، حکومت ہند کا، بچّوں کے ادب میں غیر معمولی دل چسپی لینا نیک فال ہے۔ یہی وجہ ہے کہ آج ہندوستان کی جملہ علاقائی زبانوں میں بچّوں کا ادب پیدا ہورہا ہے۔ محکمۂ تعلیم کی جانب سے ہر سال انعامی مقابلہ ہوتا ہے یہ انعام "ببر شیر کی کہانی" (اُردو) کے مصنف اندرجیت لال کو ملا ہے۔ جو انگریزی اور اُردو کے جانے پہچانے ادیب وصحافی ہیں۔

"ببر شیر کی کہانی" کا آغاز انڈین بورڈ آف وائلڈ لائف (۱۹۵۲ء) کے قیام سے ہوتا ہے۔ جس نے ببر شیر کو ہندوستان کا قومی جانور (۱۹۶۹ء) اور اس سے چند سال پہلے مور کو "قومی پرندہ" قرار دیا۔ پھر ببر شیر کی نسل، قد و قامت، رنگ، عادات و اطوار، طریقۂ شکار، ببر و شیر کا موازنہ، مختلف اقسام، غرض جنگل کے بادشاہ اور درندوں کے ہیرو کے حسب و نسب پر تاریخی و سماجی، ادبی و فنی زاویوں سے روشنی ڈالی گئی ہے۔ اندازِ نگارش سلیس و سادہ و شستہ و رفتہ ہے۔ فیروز آرٹسٹ نے بھی اپنے موئے قلم سے ببر شیر کے دلچسپ گوشوں کو تصویروں اور خاکوں سے اُجاگر کیا ہے

مصنف بچّوں کی نفسیات سے بخوبی واقف ہیں، یہی وجہ ہے کہ اُس نے ببر شیر کی کہانی کو چھوٹی چھوٹی سبق آموز حکایتوں سے مزیّن کرکے بچّوں کی دعوتِ غور و فکر بھی دی ہے۔ بچّوں کے اندر تجسس کا فطری مادہ ہوتا ہے۔ وہ ہر چیز کو دیکھ کر مختلف سوالات کرتے ہیں۔ یہ کیا ہے؟ یہ کیوں ہے؟ اور حق تو یہ ہے کہ بچّوں کے سوالوں جواب دینا کا بڑے سے بڑا عالم بھی نہیں دے سکتا۔ کیوں کہ ہر جواب کے بعد مزید ایک سوال رہ جاتا ہے۔ نفسیاتی طور پر بچّوں کے اس تجسس کی تربیت و تہذیب حصولِ علم کے لیے از حد ضروری ہے اس کہانی میں جگہ جگہ اس تہذیب و تربیت کی جھلکیاں موجود ہیں ببر شیر بہادری۔ دلیری، عظمت و قوت کی علامت ہے۔ درندہ ہوتے ہوئے بھی وہ اپنے محسن کو نہیں بھولتا احسان فراموش نہیں ہوتا۔ بچّوں کے کردار کی تعمیر و تکمیل کے لیے ببر شیر ایک آئیڈیل بھی ہے۔ ببر شیر کی کہانی سے یہ بات بھی اچھی طرح واضح ہو جاتی ہے۔

فنِ ادب میں ببر شیر سے متعلق دلچسپ محاورات و ضرب الامثال کے بعد غالب کے اشعار پر یہ کہانی ختم ہوجاتی ہے۔ کتاب بڑے سلیقے اور حسن سے ترتیب دی گئی ہے۔ جابجا کئی تصاویر شامل ہیں۔ کاغذ، لکھائی چھپائی اور گٹ اَپ بھی دیدہ زیب ہے۔ جو بچّوں کے ذوقِ جمالیات کی آسودگی کا باعث ہوگا۔

جاوید وششٹ صدر شعبۂ اُردو دِلّی کالج

ببر شیر کی کہانی

ہمارا ملک ایک آزاد ملک ہے۔ جس کا اپنا رنگ ڈھنگ، اپنا مزاج، اپنی تاریخ، اور اپنی روایات ہیں۔ اسے آپ ہندوستان کا ایک طرح سے اپنا رنگ کہیئے۔ آزادی کے بعد ہندوستان نے کچھ نئے رنگ بھی اپنائے۔ دوسرے ایک آزاد ملک کے لئے یہ بھی ضروری ہے۔ کہ وہ قوم میں ایک خاص مزاج اور لگن پیدا کرنے کے لئے بدلتے حالات کے ساتھ ساتھ کچھ نئے پلان بنائے۔ نئے قومی نشان سامنے رکھے۔ چنانچہ ہندوستان نے چند قومی (پانچسالہ) پلان بنائے۔ "قومی ترانہ" اور "قومی جھنڈا" اختیار کیا۔ اور پھر ایک دن مور کو "قومی پرندہ" قرار دے دیا۔ اور اب انڈین وائلڈ لائف بورڈ نے ببر شیر کو "قومی جانور" قرار دے دیا ہے۔

اس فیصلے سے اس جنگل کے بادشاہ کی تاریخ، اس کی عادات و خوراک، اس کے شکار کی کہانیوں۔ اور اس کی دیکھ بھال کی طرف سارے ملک کا اشتیاق دن بدن بڑھ رہا ہے۔ یہ سب کچھ جاننے سے پہلے وائلڈ لائف بورڈ کے متعلق کچھ سمجھ لیجیے۔

وائلڈ لائف بورڈ

بھارت سرکار نے ۱۹۵۱ء میں جنگلی جانوروں اور پرندوں کی حفاظت کا مزاج پیدا کرنے کے لیے ایک کمیٹی بنائی۔ اور ایک سال بعد یعنی ۱۹۵۲ء میں انڈین بورڈ آف وائلڈ لائف کی بنیاد پڑی۔ اس بورڈ کے ذمے یہ کام لگایا گیا کہ موسم اور علاقوں کے اعتبار سے مناسب قانون اور ضروری

انتظام کے ذریعے جانوروں کی حفاظت کرنے کے پروگرام بنائے۔ اور کچھ خاص نسلوں کو "محفوظ جانور" قرار دے، اور اُن کے اندھا دُھند مارنے پر پابندی لگائے۔

اس بورڈ کو یہ کام بھی سونپا گیا کہ قومی پارکیں۔ چڑیا گھر اور پناہ گاہیں قائم کرے اور ہندوستانی عوام میں جنگلی جانوروں کے متعلق دلچسپی پیدا کرے۔ بورڈ یہ کام بھی اپنے ذمّے لیتا ہے کہ ہندوستانی عوام کو جانوروں اور پرندوں پر ظلم نہ کرنے کی ہدائت کرے اور بھارت سرکار کو پرندوں اور جانوروں کی برآمد کے متعلق کبھی کبھار صلاح مشورہ دے۔

یہ بورڈ ہر سال جنگلی جانوروں کا ایک خاص ہفتہ اکتوبر کے پہلے ہفتہ میں مناتا ہے۔ جس میں پبلک کو اوپر لکھے سب کام کی یاددہانی کرائی جاتی ہے۔ اور سرکار کی طرف سے جانوروں اور پرندوں کی دیکھ بھال کے متعلق اشتہار لگائے جاتے ہیں۔ چھوٹی چھوٹی کتابیں چھاپ کر لوگوں میں بانٹی جاتی ہیں۔ ریڈیو پر خاص پروگرام نشر کئے جاتے ہیں۔ چڑیا گھر کے ماہرین اور قومی لیڈر خاص خاص تقریریں کرتے ہیں۔ اخباروں اور رسالوں میں خاص مضامین شائع کئے جاتے ہیں۔ خاص طور پر چڑیا گھروں میں خاص انتظام کیا جاتا ہے۔ اور لوگ اِن دنوں چڑیا گھر ضرور دیکھنے جاتے ہیں۔ پچھلے سالوں میں ہوئے پروگراموں کا یہ اثر ہُوا ہے۔ کہ ہندوستانیوں میں جانوروں اور پرندوں کی حفاظت کے لیے ایک مزاج، ایک فضا پیدا ہوتی جارہی ہے۔ اس خیال سے کہ جنگلی جانور بالکل ہی نہ ختم ہو جائیں۔ سرکار نے سیرو شکار پر ہندوستان کے کئی علاقوں میں پابندیاں بھی لگا رکھی ہیں۔ چنانچہ پہلی اپریل سے آخر ستمبر تک پرندوں کے شکار کو قابلِ سزا جرم قرار دیا گیا ہے۔ اور ببر شیر کے شکار پر تو پُوری پابندی لگادی گئی ہے۔

وائلڈ لائف بورڈ نے چند سال پہلے یہ محسوس کیا کہ پرندوں کی پُوری حفاظت جبھی ہو سکتی ہے۔

جب دنیا بھر کی سطح پر ہر ملک اپنا ایک ایک قومی پرندہ چن لے۔ اس طرح سے ہر ملک کے لوگوں میں جنگلی جانوروں اور پرندوں کی دیکھ بھال کا زیادہ جذبہ پیدا ہو سکے گا ۱۹۶۰ء میں جب ٹوکیو میں اس بورڈ کی میٹنگ ہوئی تو ہندوستان نے "مور" کو اپنا قومی پرندہ چن لیا۔

ایسا فیصلہ ہونے سے "مور" ہماری قومی ملکیت بن گیا۔ اور دوسرے قومی سرمایوں اور قومی ورثوں کی طرح اس کی دیکھ بھال کی ذمہ داری ساری قوم پر آ گئی۔ مور کو "قومی پرندہ" قرار دینے سے ہم کہہ سکتے ہیں کہ یہ واقعی ہمارے سماج اور تہذیب کا عکاس ہے اور ہندوستان کے لوگوں کے خلوص۔ محبت۔ آن بان اور فخر و وقار کی ایک قابلِ قدر نشانی ہے۔

وائلڈ لائف بورڈ نے ۹۔ جولائی ۱۹۶۹ء کو بڑے غور اور بحث کے بعد یہ فیصلہ کیا کہ ببر شیر کو ہندوستان کا "قومی جانور" قرار دے دیا جائے۔ ببر شیر جنگل کا بادشاہ کہلاتا ہے۔ دلیری اور بہادری میں اس کا جواب نہیں۔ ہندوستان کے سب جنگلی جانوروں میں اس کا درجہ بہت عظیم ہے۔

ببر شیر بڑی جاہ و حشمت کا جانور ہے۔ چڑیا گھروں کی شان۔ جنگل کی شان۔ ہماری تہذیب کی شان۔ اور اب ہماری قوم کی شان بن گیا ہے۔ واہ رے ببر شیر!

بلّی کی نسل

نسل کے اعتبار سے ببر شیر دراصل بلّی کے خاندان سے ہے۔ یہی وجہ ہے کہ بلّی کو ببر شیر یا شیر کی خالہ یا موسی کہتے ہیں۔ بلّی خاندان میں ببر شیر، شیر، چیتا، تیندوا سے لے کر بلّی تک کو شمار کیا جا سکتا ہے۔ بلّی خاندان کے اِن سب جانوروں کا سر گول۔ پنجے تیز اور دانت نوکیلے ہوتے ہیں۔ چلنے پھرنے میں یہ بڑے چوکس۔ پھرتیلے اور تیز ہوتے ہیں۔ جب چلتے ہیں تو اِن کے نوکیلے پنجوں سے نہ تو کوئی آہٹ پیدا ہوتی ہے اور نہ گونج۔ ان کے پنجے کھُردرے بھی نہیں ہوتے۔ یہی وجہ ہے کہ اگر ان کا جسم بھاری بھرکم بھی ہو تو اِن کے چلنے پھرنے سے کوئی آواز پیدا نہیں ہوتی۔ بلّی خاندان کے سب جانور اپنے اگلے پنجوں کے بل چلتے ہیں۔ دوسرے اِن کے چلنے کا ڈھنگ بھی کچھ ایسا ہے کہ اِن سے کوئی آہٹ پیدا نہیں ہو سکتی۔ ایسے جانوروں کی چال کتّوں اور ہرنوں سے بہت مختلف ہوتی ہے۔

ہندوستان کے کئی علاقوں میں چھوٹے بچے ببر شیر کو "بہت بڑی بلّی" بھی کہتے ہیں۔ بلّی موسی کی ایک کہانی بڑی مشہور ہے کہتے ہیں شروع شروع میں ببر شیر نے شکار کرنے اور پھرتی کے سب داؤ پیچ اپنی موسی بلّی سے ہی سیکھے۔ ایک دن ایک ببر شیر شکار کرنے کے لیۓ نکلا۔ ببر شیر بار بار اپنے شکار پر جھپٹا مارتا لیکن شکار ہر بار پھرتی سے آگے نکل جاتا یا ببر شیر کا وار بے کار کر دیتا۔ جب ببر شیر بار بار شکار پر جھپٹا مارتا رہا تو شکار پھرتی سے ایک درخت پر چڑھ گیا۔ ببر شیر درخت پر چڑھنا نہیں جانتا تھا۔ چنانچہ وہ بلّی موسی کے پاس پہنچا اور اُس سے درخواست کی کہ وہ ببر شیر کو درخت پر چڑھنے کا گُر سکھائے۔

ببر شیر کو ایسا گُر سیکھنے سے یہ فائدہ ہو سکتا تھا کہ وہ مصیبت کے وقت میں کسی وقت اپنی جان بچانے کے لیے درخت پر چڑھ سکتا تھا۔ کہتے ہیں بلی مَوسی نے ببر شیر کو یہ کہہ کر ٹرخا دیا "آخر تمہیں سب داؤ تو نہیں سکھانے ہیں؟" یہی وجہ ہے کہ ببر شیر بالعموم درخت پر چڑھنا نہیں جانتا۔

ببر شیر کو انگریزی میں لائن اور شیر کو ٹائیگر کہتے ہیں۔ ہندوستانی زبان میں ببر شیر کو سنگھ اور شیر کو باگھ کہتے ہیں۔ ببر شیر کی کھال پر کوئی نشان نہیں ہوتے۔ ہاں اس کے سر کے گرد اور سینہ پر لمبے لمبے بال ہوتے ہیں۔ جنہیں ایال کہتے ہیں۔ اس کی کھال کا رنگ زرد یا مٹیالا ہوتا ہے۔ اور شیر کی کھال کا رنگ زرد۔ دوسرے شیر کے جسم پر ببر شیر کی طرح لمبے لمبے بال نہیں ہوتے۔

ببر شیر ایسے جنگلوں میں رہتا ہے جو کھلے ہوں اور شیر گھاس دار جنگلوں اور بڑے بڑے صحراؤں میں رہتا ہے جہاں پانی کے گہرے نالے یا ندیاں پائی جاتی ہوں شیر بھی ببر شیر کی طرح درخت پر چڑھنا نہیں جانتا۔ مگر آج کل یہ بات ایک حد تک غلط ثابت ہو رہی ہے کہتے ہیں اتر پردیش کے جنگلوں میں کئی بار شکاریوں کے بنائے ہوئے پندرہ فُٹ تک کے مچانوں پر شیر چڑھ گئے ہیں۔ اس سے بھی دلچسپ خبر برما سے ملی ہے وہ یہ کہ ایک بار برما کے جنگل میں ایک شیر نے ۵۴ فُٹ کی اونچائی پر چڑھ کر ایک شکاری کو ہتیا لیا۔ اسی طرح کی مثال جنگلی جانوروں کے ایک ماہر نے دی ہے۔ بقول اُس کے ببر شیر اپنے بھاری وزن کی وجہ سے درخت پر آسانی سے نہیں چڑھ سکتا۔ لیکن کبھی کبھار کسی خطرہ کا احساس کر کے اور زخمی حالت میں اپنی جان بچانے کے لئے یا کسی اور وجہ سے درخت پر (۱۲ فٹ کی بلندی تک) چڑھ جاتا ہے۔

خیال ہے ببر شیر اور شیر میں کسی زمانے میں خون کا رشتہ ہوتا تھا۔ اور دونوں کے خاندان ایک ساتھ چلتے تھے۔ ہوا یہ کہ ببر شیر اور شیرنی سے جو بچے پیدا ہوئے وہ ببر شیر کے خاندان میں شُمار ہونے لگے۔ ایسے بچوں کو انگریزی میں لِگر کہتے ہیں۔ نسل بڑھنے کی یہ حالت آج بھی موجود ہے بلکہ اس طرح کی حالتیں شیر اور چیتے کے کنبوں میں بھی پائی جاتی ہیں۔

ببر شیر عام طور پر ایک خاص علاقے میں شکار کرتا ہے اور شکار کے لئے باقاعدہ ارد گرد کے علاقوں میں چکر لگاتا ہے۔ اس کے گشتی علاقوں میں ندی نالوں کے کنارے۔ دور راستوں کے ملنے والے مقام یا پیدل چلنے والے لوگوں کے راستے شامل ہیں۔ ببر شیر اپنے مٹیالے رنگ کی جلد کی وجہ سے اکثر نظر نہیں آتا۔ یہی وجہ ہے کہ جب یہ چٹان یا سوکھی ہوئی گھاس پر بیٹھا ہو۔ تو اس کے وجود کا کوئی اندازہ نہیں ہو سکتا۔ ایسی جگہوں میں چھپ کر ببر شیر شکار کا انتظار کرتا ہے یا دبے پاؤں شکار کے پاس پہنچ جاتا ہے۔ مزہ ہے کہ شکار کو ببر شیر کی آمد کی کوئی آہٹ محسوس نہیں ہوتی۔

شیر کی زرد کھال پر کالی دھاریاں ہوتی ہیں جو ببر شیر کے جسم پر بالکل نہیں ہوتیں۔ یہ دھاریاں دونوں جانوروں کو ایک دوسرے سے ممتاز بھی کرتی ہیں۔ یہ دھاریاں شیر کے جسم پر کیوں اور کیسے پڑیں؟ جانوروں کے ماہرین کہتے ہیں کہ یہ دھاریاں قدرتی ہیں۔ ہاں دھاریوں کے متعلق ایک منچلے نے ایک دلچسپ کہانی کو جنم دیا ہے۔ لو وہ کہانی تم بھی سنو۔

بہت برس پہلے کی بات ہے۔ جب انسان نے کھیتی کرنا اور گھر بنا کر رہنا سیکھ لیا تھا۔ اُن دنوں ایک گھنے جنگل کے پاس ایک گاؤں تھا جس کے آس پاس کھیت تھے۔ ایک دن خوب بارش ہو چکی تھی۔ اگلے دن کسان اپنے ہل بیل لے کر اپنے کھیتوں کو جوت رہے تھے۔ اُن میں ایک کسان کا کھیت گاؤں سے کافی فاصلے پر جنگل کے قریب پڑتا تھا۔ وہ کسان بھی اپنا کھیت جوت رہا تھا۔ جب دوپہر ہو گئی تو اس نے بیلوں کو ہل کے رستے سے آزاد کر کے درختوں کے سائے میں باندھ دیا۔ اور خود ایک سایہ دار جھاڑی کے نیچے بیٹھ کر آرام کرنے لگا۔

جب بیل سر جھکائے گھاس چر رہے تھے تو اچانک ایک شیر جھاڑی میں سے نکل کر اُن کے سامنے آ کھڑا ہوا۔ شیر نے بیل کو بندھا ہوا دیکھ کر کہا "تم بڑے بزدل ہو۔ اپنے سے چھوٹے انسان کے قبضے میں رہتے ہو۔ اس کا حکم مانتے ہو۔ اس کے اشارے پر چلتے ہو۔

اُس کی روز روز مار کھاتے ہو۔"

بیل نے جواب دیا۔" شیر میاں۔ تُم کو معلوم نہیں۔ کہ انسان ہم سے چھوٹا ضرور ہے۔ طاقت میں بھی بہت کم ہے۔ لیکن اُس کے پاس ایک ایسی چیز ہے۔ جس کے بھروسے وہ ہم سب پر قابو پالیتا ہے۔ تم اپنی خیریت چاہتے ہو تو یہاں سے چُپ چاپ بھاگ جاؤ۔"

شیر نے کہا۔" تم بھاگنے کو کہتے ہو۔ مَیں اگر چاہُوں تو بس ایک ہی وار میں انسان میاں کا بُھرتہ بنادُوں۔ مگر تُم بتاؤ کہ انسان کے پاس کون سی ایسی چیز ہے۔ جس سے تُم ڈرتے ہو۔"

بیل بولا۔" اس چیز کا نام ہے عقل۔ جس کے ذریعہ انسان سب کچھ کر لیتا ہے۔ یہ چیز تمہارے ہمارے پاس نہیں ہے۔ اگر یہ تمہارے پاس ہوتی تو تُم دُنیا کے سب سے بڑے اور سب سے طاقت وَر شیر ہوتے۔"

شیر نے جب یہ سُنا تو سوچنے لگا کہ میں اگر انسان سے تھوڑی سی عقل مانگ لوں۔ تو دُنیا کا سب سے زیادہ طاقت ور شیر بن سکتا ہوں۔ پھر کیا تھا شیر ایک ہی چھلانگ میں آدمی کے سامنے آ کھڑا ہوا لیوں اچانک شیر کے سامنے آنے سے کسان یکایک بہت گھبرا گیا۔ مگر جلد ہی اُس نے اپنے اُوپر قابو پا لیا۔

شیر نے کہا۔" اے انسان۔ میں نے سُنا ہے۔ تیرے پاس عقل نام کی کوئی چیز ہے جس سے تو سب کام کر لیتا ہے۔ اگر تو تھوڑی سی عقل مجھے دے دے تو مَیں بہت آسانی سے جانوروں کا شکار کر لیا کروں گا۔ اَور تیرا احسان ساری عمر نہ بھولوں گا۔"

کسان نے کہا۔" شیر میاں۔ تم تو مانتے ہی ہو کہ عقل بڑی قیمتی چیز ہوتی ہے۔ اس کو ہم لوگ ہر جگہ اٹھائے نہیں پھرتے۔ اس کی تو ہم بڑی حفاظت کرتے ہَیں اَور اپنے گھر میں اسے ایک خاص جگہ محفوظ رکھتے ہَیں۔ اگر تُم چاہو۔ تو مَیں گھر سے تھوڑی سی عقل لا کر کل دے دوں گا۔"

شیر نے دل میں سوچا کہ کسان بہانہ کر رہا ہے۔ کل آئے گا ہی نہیں۔ اس لیئے اُس نے فوراً کہا۔" اے انسان میاں۔ تم اپنے گھر ابھی جاؤ اور ابھی عقل لے کر آؤ۔ کل خُدا جانے آئے یا نہ آئے۔"

کسان نے سمجھ لیا کہ شیر تو پیچھا نہ چھوڑے گا۔ اگر انکار کرتا ہے تو ابھی حملہ کر کے اُسے چیر پھاڑ دے گا۔ اُس نے ایک لمحہ سوچ کر کہا۔" بھئی تُم نے جو کہا سو ٹھیک۔ مگر مَیں یہ کیسے مان لوں کہ تُم میرے بیلوں کو نہ کھاؤ گے۔ میں اُدھر عقل لینے گاؤں گیا۔ اَور اِدھر تُم بیلوں کو چٹ کر کے چلتے بنے۔ بیلوں کے بغیر میں کھیتی کیسے کروں گا۔ مَیں ان بیلوں کو بھی اپنے ساتھ گاؤں لے جاؤں گا۔"

شیر نے کہا۔" مَیں تُم سے وعدہ کرتا ہوں۔ کہ تمہاری غیر حاضری میں بیلوں کو نہ کھاؤں گا۔ لیکن کسان نہ مانا۔ اُس نے کہا۔" بھئی۔ مجھے تُم پر بھروسہ نہیں۔ اگر تُم کو عقل چاہیئے تو میں ایک

طریقہ بتاتا ہُوں۔ تم ایک کام کرو۔ دیکھو یہ سامنے ایک درخت ہے نا! تم اس سے اچھی طرح تن کر کھڑے ہو جاؤ۔ تاکہ مَیں تم کو رسّی سے باندھ دُوں۔ اس طرح تم میرے بیلوں کو نہ کھا سکوگے اور میرے بیلوں کی نگہبانی بھی کرتے رہوگے۔"

شیر نے اس مشورے کو مان لیا۔ کسان شیر کو درخت کے تنے سے باندھ کر ادھر اُدھر سوکھے پتّے اور گھاس پھُوس جمع کرنے لگا۔ جب کافی گھاس پھُوس اکٹھا ہو گیا۔ تو اُس نے شیر کے چاروں طرف ایک ڈھیر سا لگانا شروع کر دیا۔

شیر نے پوچھا۔"میاں کیا کر رہے ہو؟"

کسان نے جواب دیا"تم کہیں میرے بیلوں کو اپنے پاس لا کر مار نہ ڈالو۔ مَیں نے تمہارا مُنہ تو نہیں باندھا ہے۔" اتنا کہہ کر کسان تیزی سے گاؤں کی طرف بھاگا اور وہاں سے کچھ دیر کے بعد آیا تو چھپا کر ایک انگارہ لے آیا۔

جب شیر نے دیکھا کہ کسان آگیا ہے تو اُس نے پوچھا۔"اے انسان۔ تم عقل لے آئے؟" ذرا دکھاؤ تو کیا چیز ہے یہ؟"

کسان بولا"ابھی دکھاتا ہُوں۔" اور یہ کہتے ہوئے اُس نے انگارے کو گھاس پھُوس کے ڈھیر میں جھونک دیا دیکھتے ہی دیکھتے گھاس شعلوں کی شکل میں جل اُٹھی۔ کسان نے پُوچھا۔"کیوں شیر میاں دیکھ لیا عقل کو؟"

شیر غصّے کے مارے دھاڑنے لگا۔ اُس کے اوسان خطا ہو گئے۔ اس وقت وہ انسان کے ہاتھوں گرفتار تھا۔ کسان اپنا ہل بیل لے کر گاؤں کی طرف تیزی سے چلتا بنا۔ شیر کی بندھی ہوئی رسّیاں آگ کے شعلوں سے جلنے لگیں۔ شیر نے گھبراہٹ میں ایک بار ایسا زور مارا کہ سب رسیاں ٹوٹ گئیں۔ لیکن اس وقت تک اُس کا جسم کئی جگہ سے جھُلس گیا تھا۔ شیر دھاڑتا ہوا جنگل کی طرف بھاگ نکلا

دُور جنگل میں پہنچ کر اُس نے دیکھا کہ اُس کے جسم پر کہیں کہیں جلی رسیوں سے کالی دھاریاں پڑ چکی ہیں کہتے ہیں۔ تب سے یہ دھاریاں شیر کے جسم پر موجود ہیں۔

ببر شیر اور شیر

ایک بھلا چنگا ببر شیر ناک سے دُم تک ۹ سے ۱۰ فٹ تک لمبا اور قد میں تقریباً ساڑھے تین فٹ اونچا ہوتا ہے۔ وزن میں چار سے پانچ من تک ہوتا ہے۔ ببر شیرنی ایک فٹ چھوٹی ہوتی ہے۔ اس کا جسم چھریرا اور وزن تین من سے چار من تک ہوتا ہے۔

ببر شیر کی ایال قابلِ ذکر ہے۔ یہ وہ بال ہیں جو ببر شیر کے چہرے کو اور اُس کے جسم کے اگلے حصّے کو چھپائے رکھتے ہیں۔ ایال کی وجہ سے ببر شیر کا چہرہ بڑا رعب دار دکھائی دیتا ہے۔ یہ ایال بھوری، زرد یا سیاہ ہوتی ہے اور تقریباً ہر ببر شیر میں مختلف رنگ کی پائی جاتی ہے۔ جنگلی ببر شیر کی ایال چھوٹی ہوتی ہے اور سرکس کے ببر شیروں کی بہت لمبی ہے اس ایال سے ببر شیر کے جسم کی حفاظت ہوتی ہے۔ اگر دو ببر شیر آپس میں بھڑ پڑیں تو ایال ایک دوسرے کو ناخنوں اور دانتوں کے حملوں سے بچاتی ہے۔

بوڑھے ببر شیروں کی ایال اتنی لمبی ہوتی ہے کہ جب وہ چلتے ہیں تو اُن کی ایال ہر قدم پر ہلتی ہے افریقہ میں ببر شیر کی ایک خاص نسل کی ایال بالکل نہیں ہوتی۔ ببر شیر کے بچوں کی ایال نہیں ہوتی۔ دراصل یہ ایال ببر شیر کی جوانی سے اُبھرنی شروع ہوتی ہے۔ ببر شیرنی کی ایال نر کے مقابلے میں کم ہوتی ہے۔

شیر کی ایال نہیں ہوتی۔ لیکن بہادری میں وہ ببر شیر سے کم نہیں۔ دونوں کی عادتوں میں کچھ فرق بھی ہے۔ شیر اکیلا شکار کرتا ہے اور ببر شیر مل جل کر۔ شیر زیادہ چالاک۔ پھرتیلا۔ خونخوار اور خطرناک جانور ہے۔ اور حملہ سے بچنے کے لیے بڑی چالاکی سے کام لیتا ہے۔ ببر شیر بہادری کے

زعم میں سامنے آکر اکثر مارا جاتا ہے۔ ببر شیر کی چنگھاڑ شیر سے زیادہ ہوتی ہے۔ دونوں جانور شکار کرنے کے لئے زیادہ تر رات کو نکلتے ہیں۔

دونوں میں سے مقابلتاً کون کس پر غالب آسکتا ہے۔ اس کا کچھ فیصلہ آج تک نہ ہوسکا۔ ببر شیر ہندوستان کا بہت پرانا جانور ہے۔ اور غالباً شیر سے پہلے ادھر آباد تھا۔ جنگل میں اُن کے بھڑنے کا سوال پیدا نہیں ہوتا کیونکہ دونوں مختلف قسموں کے جنگلوں میں رہتے ہیں۔ دوسرے دونوں کی خصلتیں قدرے مختلف ہیں۔ دونوں مضبوط۔ خونخوار اور دلیر ہیں۔ بھڑانے کے بعد یہ فیصلہ آج تک ماہرین تو کر نہیں سکے کہ کون کس پر غالب آسکتا ہے۔ ہاں شاید مستقبل میں اس کا کچھ فیصلہ ہو سکے۔

ببر شیر اور شیر اپنے پنجے اندر کی طرف موڑ کر چلتے ہیں۔ تاکہ اُن چیزوں کو جوان سے اونچی سطح پر پڑی ہوں اپنی پکڑ یا داؤ میں لے سکیں۔ یہ خوبی اِن دونوں جانوروں کو شکار پر ہاتھ صاف کرنے میں مدد دیتی ہے۔ ببر شیر اپنے اگلے پنجوں سے شکار پر حملہ کرتا ہے اور دشمن یا شکار کے حملے سے بچنے کے لئے اپنی پیٹھ کا سہارا لیتا ہے۔ اگر کسی وجہ سے دو ببر شیر بھڑ بھی پڑیں تو دونوں ایک دوسرے پر حملہ اگلے پنجوں سے کرتے ہیں۔ دفاع کے لیے پیٹھ کے علاوہ پچھلے پنجوں سے بھی کام لیتے ہیں۔

ببر شیر کی زندگی کا بیشتر حصہ غذا کی تلاش میں بسر ہوتا ہے۔ اور چونکہ یہ جاہ و جلال کا جانور ہے، اس کی بُو ہی کو سونگھ کر اور اسے قریب پاکر دوسرے جنگلی جانور چوکنے ہو جاتے ہیں۔ اور اس کی زد میں نہیں آتے۔ ایک اندازہ کے مطابق ۲۰ سے ۳۰ مرتبہ کوشش کرنے پر ببر شیر ایک جانور کو پکڑنے میں کامیاب ہو پاتا ہے۔ یہ بڑا دلچسپ لگتا ہے کہ جب وہ بڑے جانوروں کا شکار کرنے میں بالکل ناکام رہتا ہے۔ تو اپنی بھوک مٹانے کے لئے جنگلی پرندے یا چھوٹے جانوروں ہی پر ہاتھ صاف کر دیتا ہے۔

اپنے شکار پر حملہ کرنے سے پہلے ببر شیر تن کر کھڑا ہو جاتا ہے۔ اور اپنی دُم کا سرا کئی بار ہلاتا ہے

اُس کا جسم لگ بھگ گول ہو جاتا ہے۔ دُم لوہے کے لٹھ کی طرح سخت ہو جاتی ہے۔ کان پچھلی طرف مڑ جاتے ہیں۔ وہ بڑی تیزی سے اپنے شکار پر حملہ کرتا ہے۔ اور شکار کو اپنی گرفت میں لینے کے لئے لگ بھگ پینتیس میل فی گھنٹہ کی رفتار سے بھاگتا ہے۔ عام طور پر اُس کی دہشت۔ بھاری وزن اور تیز رفتار کی وجہ سے شکار ایک دم گر جاتا ہے۔ ببر شیر اتنا جفاکش اور مضبوط جانور ہے کہ دو یا تین من وزن کا شکار آسانی سے اپنے مُنہ میں دبائے تیزی سے بھاگ سکتا ہے۔ دیوار پھاند سکتا ہے ہے اور کئی فرلانگ تک بغیر تھکاوٹ کے دوڑ سکتا ہے یہ جانور ۲۲ فوٹ سے ۲۴ فٹ تک کی اُونچائی تک چھلانگ لگا سکتا ہے اور زیادہ سے زیادہ ۸۰ فٹ تک تیز رفتاری سے دوڑ سکتا ہے۔

ببر شیر حملہ یا بچاؤ کی صورت میں دانتوں سے بھی کام ضرور لیتا ہے۔ یہ دانت اتنے

تیز اور نوکیلے ہوتے ہیں کہ کوئی جانور یا آدمی ببر شیر کے پاس پھٹکنے کی جرات نہیں کرسکتا۔ سرکس میں جو ببر شیر نمائش یا کھیل کے لیئے پیش کئے جاتے ہیں اُن کے نوکیلے دانت اور تیز پنجے نکال دیئے جاتے ہیں۔ تاکہ اگر مجبوری یا غصّہ کی وجہ سے وہ سرکس کے کھلاڑی پر حملہ بھی کردیں۔ تو کھلاڑی کو نقصان نہ پہنچے۔

ببر شیر کے مُنہ میں تیس دانت ہوتے ہیں۔ سب دانت تیز دھاری کے ہوتے ہیں۔ جس سے گوشت فوراً ٹکڑے ٹکڑے ہو جاتا ہے۔ اس کے اگلے پنجے میں پانچ اور پچھلے میں چار انگلیاں ہوتی ہیں۔ شکار پر حملہ کرتے لمحہ جب ببر شیر ناخنوں کو باہر نکالتا ہے تو یہ ناخن لگ بھگ تین انچ لمبے ہو جاتے ہیں۔ پانچواں ناخن انگوٹھے کا کام کرتا ہے۔ جب حملہ کے وقت یہ کھل جاتا ہے تو سب دانتوں اور ناخنوں سے زیادہ تیز اور خطرناک ثابت ہوتا ہے اسے تیز دھار والا چاقو سمجھ لیجئے۔

ببر شیر کی آنکھیں بڑی تیز ہوتی ہیں۔ اور چمکدار بھی۔ گھٹا ٹوپ اندھیرے میں اس کی پتلیاں کافی پھیل جاتی ہیں اور ان میں کافی روشنی اندر چلی جاتی ہے۔ رات کی تاریکی میں بھی ببر شیر کو اتنا صاف دکھائی دیتا ہے جتنا ہمیں دن کے اُجالے میں۔ دُور دُور پڑی ہوئی چیزیں ببر شیر کو رات کے اندھیرے میں اتنی صاف دکھائی دیتی ہیں۔ جو انسان کو دن میں بھی اتنی صاف اور روشن نظر نہیں آسکتیں۔

ببر شیر کے کان بھی بڑے تیز ہوتے ہیں۔ اور رات کو ببر شیر جب شکار کے لئے نکلتا ہے تو اُس کے پتلے کان بڑی مستعدی کے ساتھ اُس کا ساتھ دیتے ہیں۔ یہ کان اتنے ذی حس ہوتے ہیں کہ ہلکی سے ہلکی آواز یا جنبش کو سُن لیتے ہیں۔ گھنے جنگلوں میں ببر شیر کے چنگل سے بچنے کے لئے جب چھوٹے چھوٹے جانور اِدھر اُدھر چھپ جاتے ہیں۔ تو ببر شیر کے کان ہلکی سی سرسراہٹ پر اسے چوکنا کر دیتے ہیں۔ ایک بات بڑی عجیب و غریب ہے کہ ببر شیر کی سونگھنے کی طاقت اتنی تیز نہیں ہوتی۔

ببرشیر کی دُم کا ذکر بھی ضروری ہے دُم کے سرے پر کالے بالوں کا ایک گُچھا ہوتا ہے جس کے بیچ میں ہڈی کی طرح سخت ایک کانٹا چھپا ہوتا ہے۔ کہتے ہیں جب ببرشیر غم و غصّے میں اپنی دُم پھٹکارتا ہے تو اندر چھپا ہوا کانٹا اس کے پہلو میں چبھتا رہتا ہے جس سے اُس کا غم و غصّہ تیز ہو جاتا ہے۔ یہ کانٹا ببرشیر کے غصّے کو بھڑکانے کا کام کرتا ہے۔

پرانی تاریخ

ببرشیر کی تاریخ بڑی پرانی ہے۔ حال ہی میں انگلستان۔ فرانس اور جرمنی میں کھُدائی کرنے سے یہ راز کھُلا ہے کہ ایک زمانے میں ببرشیر یوروپ میں بھی پایا جاتا تھا اور عراق، عرب۔ ایران اور فلسطین کے علاقوں میں تو اس کے نشان ملتے ہیں ہی۔ ایک سو سال پہلے افریقہ میں ببرشیروں کی بڑی تعداد پائی جاتی تھی۔ آج کل اُن کی تعداد دن بدن کم ہوتی جارہی ہے۔ اس کے باوجود ان کی ایک خاصی تعداد آج بھی افریقہ میں موجود ہے۔ جو جنوبی افریقہ کے علاقوں میں آباد ہے۔

ایک ماہر کے خیال کے مطابق ایک زمانے میں ہندوستان میں ببرشیر نام کو بھی نہ تھا جب یورپی ببرشیروں نے عرب اور افریقہ کے ملکوں کی طرف ہجرت کی۔ تو ایک قافلہ ایران اور افغانستان سے گزرتا ہوًا شمال مغربی ہند میں آ پہنچا۔ اس قافلے کو سندھ۔ پنجاب۔ مدھیہ پردیش۔ راجستھان۔ اور گجرات کے علاقے کی آب و ہوا اور جنگلات راس آگئے۔ اور ببرشیروں کا قافلہ یہیں آباد ہوگیا۔ یہ قافلہ نربدا ندی کو پار کرکے آسام و بنگال کے جنگلوں تک نہیں پہنچ سکا۔ اور یہی وجہ ہے کہ ان دونوں پردیشوں میں ببرشیر بالکل نہیں پائے جاتے۔

ایک زمانے سے ببر شیر مغربی ہندوستان اور شمالی ہندوستان میں پایا جاتا ہے۔ مگر پچھلی صدی میں ایک دن اس کا نام و نشان تک مٹ گیا۔ آج یہ حالت ہے کہ ببر شیر صرف گجرات (کاٹھیاواڑ) کے علاقے جسے گر کے جنگلات بھی کہتے ہیں۔ کا بادشاہ ہے۔ ابھی چند سال پہلے ان کی تعداد تین سو تک تھی۔ جو اَب گھٹتے گھٹتے ایک سو ستر تک آگئی ہے۔

گر جنگل سطح سمندر سے چار سو فٹ کی بلندی پر واقع ہے۔ یہ جنگل پانچ سو مربع میل کے رقبے میں پھیلا ہُوا ہے۔ اس جنگل میں کافی گرمی پڑتی ہے۔ وہاں تک پہنچنے کے لیے سیاح لوگ بمبئی سے کیشوڈ ہوائی جہاز کے ذریعہ صرف ڈیڑھ گھنٹے میں پہنچ جاتے ہیں۔ کیشوڈ ہوائی اڈے سے چالیس میل بذریعہ سڑک گر جنگل تک پہنچنا پڑتا ہے۔ سسن کے مقام پر ایک آرام دہ ریسٹ ہاؤس بنا ہوا ہے۔ جہاں سیاح گر جنگل میں ببر شیروں کے نظارہ کے لیے قیام کرتے ہیں۔

ببر شیر گر جنگل کا بادشاہ ہے۔ اِس کی شکل سے بڑا رُعب اور جلال ٹپکتا ہے اسے دوسرے جانوروں کے ساتھ جنگل میں گھومتا یا بیٹھا ہوتا دیکھیں۔ تو اُس کے لقب کے قائل ہو جائیں گے۔ یہ تو مشہور ہے ہی کہ جب اپنا بادشاہ چُننے کی کانفرنس ہوئی تب سب جانوروں نے ببر شیر کو بادشاہ بنانے پر اتفاق کیا۔

گر جنگل کا عِلاقہ بڑا خُوبصورت ہے۔ جس میں اوسط درجے کی عمارتی لکڑی اور ساگوان کے درخت مِلتے ہیں۔ دیہاتی لوگ۔ بھینس۔ بکری۔ بھیڑ پالتے ہیں۔ گر میں آباد لوگوں کو ”مال دھاری“ کہتے ہیں۔ گر جنگل کا ببر شیر نیل گائے، ہرن اور سور کا شکار کرتا ہے۔ یا دیہاتیوں کے مال مویشیوں پر ہاتھ صاف کرتا ہے۔ کسی زمانے میں جب نواب جوناگڑھ کا راج تھا تو نواب مال دھاریوں کو اُن کے مویشیوں کے نقصان پر کچھ معقول معاوضہ بھی دیا کرتا تھا۔ ایک بار لارڈ کرزن نے نواب کے اصرار پر ببر شیر کے شکار پر پُوری پابندی لگا دی تھی۔

گر کے جنگل میں ببر شیر کی حفاظت کا امکان دِن بدن بڑھتا جا رہا ہے۔ اسے ”قومی جانور“ قرار دے کر سارے ملک نے اس کی دیکھ بھال کی ذمہ داری اپنے سرلے لی ہے۔ گجرات کے ایک علاقے کو ببر شیروں کے لئے پناہ گاہ میں بدل دیا گیا ہے۔ اندازہ ہے کہ پناہ گاہ کے قیام سے ببر شیروں کی تعداد نئے سرے سے بڑھ جائے گی۔ اگر موجودہ ببر شیروں اور ببر شیرنیوں کو موافق آب و ہوا اور حفاظت کا ماحول ملتا رہا تو صاف ظاہر ہے کہ ان کی نسل بڑھ سکتی ہے۔ شکار کا سامان تو گر کے جنگل میں خوب موجود ہے ہی۔ مثلاً غزال، چار سنگیوں والا ہرن۔ نیل گائے اور جنگلی سؤر۔ یہ سب جانور ببر شیر کے من بھاتے شکار ہیں۔

گِر کے پانچ سو مربع میل کے رقبے میں سے پچاس مربع میل کے علاقے کو ببر شیروں کی پناہ گاہ کے لیے وقف رکھا گیا ہے۔ باقی ساڑھے چار سو مربع میل کے علاقے میں انسانی آبادی پھیلی ہوئی ہے اس آبادی میں ببر شیر بھی آباد ہیں۔ گجرات سرکار اس معاملے پر غور کر رہی ہے کہ مال دھاریوں اور ببر شیروں کو ایک ساتھ آباد کرنے کے کس طرح امکان بڑھائے جائیں۔ یہ ایک بڑا مسئلہ ہے کیوں کہ انسان تو سرد گرم اور مرطوب ہر طرح کی آب و ہوا میں زندہ رہ سکتا ہے۔ اس کے مقابلے میں ببر شیر کو قدرتی ہریالی کی بڑی ضرورت ہے۔ جو گِر کے جنگلوں میں بخوبی پائی جاتی ہے۔

وَیسے گِر کے ببر شیر مقامی مال دھاریوں کے ساتھ بڑے بھروسے کے ساتھ آباد ہیں۔ سستاتے یا سوتے ہوئے ببر شیر کے قریب سے مال دھاری گذر جاتے ہیں۔ سُننے میں یہ بڑا عجیب وغریب معلوم ہوتا ہے۔ مگر یہ بالکل سچ ہے۔ گِر کے جنگلوں میں کئی بار شکاری کو ببر شیر نے صاف بچ جانے کا موقع دیا۔ اس کے برعکس افریقہ کے جنگلوں میں ببر شیر کے پاس پھٹکنے کی کوئی انسان جرات نہیں کر سکتا۔ نہ جانے یہ جنگلی جانور کس لمحہ حملہ کر کے صفایا کر دے۔ چناں چہ وہاں کے شکاری موٹر سے اُتر کر اور ببر شیر کے جنگل میں پہنچ کر اپنے آپ کو امتحان میں نہیں ڈالتے۔ اگر وُہ اُترتے بھی ہیں تو محفوظ مقام یعنی مچان وغیرہ پر۔

ہندوستان کا ببر شیر بڑا دلیر ہے۔ اور بزدلی سے کبھی حملہ نہیں کرتا۔ گِر جنگلوں کے مال دھاریوں کے بچے اور عورتیں اکثر ببر شیر کے نرغے سے بچ جاتے ہیں۔ دراصل ببر شیر کو اگر مناسب شکار یعنی جنگلی جانور مل جائے تو وُہ انسان کی جان بخشی کر دیتا ہے۔ وَیسے ببر شیر ایک اعتبار سے بڑے تشکر کا جذبہ رکھتا ہے اور اپنے پر ہوئے احسان کو برسوں نہیں بھولتا۔ آپ نے ببر شیر اَور چوہے کی دلچسپ کہانی ضرور سُنی ہوگی۔

سینکڑوں برس پہلے کی بات ہے کہ ایک جنگلی چوہا جنگل سے گذر رہا ہے کہ بھول سے اُس کی دُم ایک سوتے ہوئے ببر شیر سے جا ٹکرائی۔ ببر شیر کو بڑا تاؤ آیا۔ جنگل کے بادشاہ کے ساتھ اتنی گستاخی۔ ببر شیر نے اپنا پنجہ چوہے پر رکھتے ہوئے کہا۔ "او بے ادب تیری یہ مجال،، چوہے نے انکساری سے کہا "جناب مَیں معافی چاہتا ہُوں۔ ہاں کبھی موقع نصیب ہُوا تو جناب کے کام آؤں گا" ببر شیر نے منہ بنا کر کہا۔ "تو مردود کیا کام آئے گا" ببر شیر نے رحم کھا کر چوہا آزاد کر دیا۔ بات پرانی ہو گئی۔ کئی مہینوں بعد ایک شکاری نے ببر شیر کو پکڑنے کے لئے جال لگایا۔ ببر شیر جھومتا جھامتا اُدھر سے گذرا۔ اور بدقسمتی سے جال میں پھنس گیا۔ جال سے نکلنے کے لیے اُس نے بڑے ہاتھ پاؤں مارے۔ بڑا غرّایا مگر سب بے سود ببر شیر تھک کر اور ہار کر ہمت کھو بیٹھا۔ اس اثنا میں جنگلی چوہے کا اُدھر سے گذر ہُوا۔ ببر شیر کو بے بس دیکھ کر اس کے

دل میں ہمدردی کا جذبہ اُمڈ آیا اور ببر شیر کا احسان اُسے یاد آگیا۔ چوہے نے شکاری کے جال کو اپنے چھوٹے مگر تیز دانتوں سے کاٹنا شروع کیا۔ اور کئی گھنٹوں کی لگاتار کوشش سے ببر شیر کو رہا کرانے میں کامیاب ہو گیا۔

روم کے ایک غلام کی کہانی بڑی مشہور ہے۔ کہتے ہیں روم میں سینکڑوں سال پہلے اینڈروکلز نامی غلام رہا کرتا تھا یہ غلام بڑا نرم دل اور ہمدرد انسان تھا۔ مگر اس کا آقا جو اپنے وقت کا بادشاہ تھا۔ غلاموں پر سختی کرنے کا عادی تھا۔ وُہ غلام کے مزاج کے الٹ تھا۔ آقا اپنے غلام پر بڑی سختی کیا کرتا۔ اور آقا ہر وقت آقا ٹھہرا غلام بے چارہ کیا کرتا۔ سب سختی اور ظلم خاموشی اور بڑے صبر سے برداشت کرتا۔ اور اپنے مالک کی خدمت بڑے ادب سے کیا کرتا۔ لیکن جب مالک کی سختی اور ظلم دن بدن بڑھتا گیا تو غلام ایک دن بے صبر ہو کر بھاگ نکلا۔

آقا کے چنگل سے بچنے کے لیئے غلام نے جنگل کی طرف رُخ کیا۔ اور ایک غار میں جا چھپا بد قسمتی سے اس غار میں ایک ببر شیر رہا کرتا تھا۔ ببر شیر کو دیکھ کر غلام کے اوسان خطا ہو گئے۔ ببر شیر غرّایا اور غلام ڈر سے کانپنے لگا۔ ببر شیر آہستہ آہستہ غلام کے پاس آ کھڑا ہوا اور اپنا پنجہ غلام کے سامنے ٹکا دیا غلام نے دیکھا کہ ببر شیر کے پنجے میں ایک کانٹا پھنسا ہوا ہے۔ غلام نے کانٹا فوراً نکال دیا۔ شیر جو درد سے کراہ رہا تھا اب چین سے بیٹھ گیا۔ اور غلام کے قدموں میں یوں خاموشی سے سستانے لگا جیسے اُس کا شکریہ ادا کر رہا ہو۔

اُدھر آقا نے غلام کو پکڑنے کے لیئے اپنی ریاست کے کونے کونے میں پولیس اور جاسوس بھگائے بڑی دوڑ دھوپ کے بعد ایک دن غلام کو آقا کے آدمی گرفتار کر کے لے گئے۔ اور آقا کے حکم سے اُسے جیل میں جھونک دیا گیا۔ آقا نے اپنے غلام کو سزا دینے کی یہ تجویز طے کی کہ اُسے ایک خونخوار ببر شیر سے بھڑوا دیا جائے یاد رہے پُرانے زمانے میں بادشاہ لوگ

ببر شیر سے اپنے دشمنوں کو بھڑوایا کرتے تھے۔ انجیل کی روائت کے مطابق سیمسن نے ببر شیر کو بھڑتے ہی مار کر بوٹی بوٹی کر دیا تھا۔ سیمسن بڑا قومی ہیکل اور بہادر جوان تھا۔ اس کی بہادری کی کئی داستانیں مشہور ہیں۔ اس کی زندگی کے کارناموں پر ایک فلم بھی بن چکی ہے۔ جس میں سیمسن کو ببر شیر سے بھڑتے ہوئے دکھایا گیا ہے۔

اِدھر بادشاہ نے لوگوں میں یہ منادی کرادی۔ کہ اینڈروکلز کو ایک خونخوار اَور خوفناک ببر شیر سے بھڑوایا جائے گا۔ لوگ مقررہ وقت پر جوق در جوق ہزاروں کی تعداد میں اکٹھے ہو گئے۔ ایک بہت اونچی سطح پر غلام کو لاکر کھڑا کر دیا گیا اور ایک خونخوار ببر شیر جنگل سے خاص طور پر پکڑ کر لایا گیا۔ یہ ببر شیر لوہے کے جنگلے میں بند تھا یکایک ببر شیر کو جنگلے سے آزاد کر دیا۔ لوگوں چاروں طرف سلاخیں لگے چبوترے پر غلام اور ببر شیر کی لڑائی دیکھنے

کے مشتاق تھے۔

ببر شیر پنجرے سے نکلتے ہی غراتا ہوا غلام کی طرف بڑھا۔ لیکن یہ کیا! قریب آتے ہی ببر شیر ایک لمحہ کے لئے رُک گیا۔ بلکہ حملہ کرنے کی بجائے ببر شیر چپ چاپ غلام کے قدموں میں بیٹھ گیا۔ اور اپنی زبان سے غلام کے پاؤں چاٹنے لگا۔ سب لوگ حیران رہ گئے۔ غلام نے اپنے دونوں بازو پھیلا کر ببر شیر کی گردن میں حمائل کر دئے جواب میں ببر شیر نے بڑی گرم جوشی سے غلام کو بغلگیر کیا۔ اور " غوں غوں " کرتا ہوا غلام کے قدموں میں بیٹھ گیا۔

غلام نے لوگوں کی حیرت کی پیاس مٹانے کے لئے کہانی سنائی کہ یہ وہ ببر شیر ہے جس کے پاؤں سے اُس نے ایک دن ایک کانٹا نکالا تھا۔ سارا ہجوم ببر شیر کی خصلت پر حیران رہ گیا خود بادشاہ کو بڑا شرمندہ ہونا پڑا۔ اُس نے ببر شیر اُسی لمحہ غلام کو انعام دے کر دونوں کو بڑی عزّت سے رخصت کیا۔

گر جنگل کے علاوہ ہندوستان کے دوسرے حصّوں میں ببر شیر نام کو بھی نہیں ملتا۔ چناں چہ آج سے لگ بھگ پندرہ برس پہلے وائلڈ لائف بورڈ نے یہ فیصلہ کیا کہ کچھ ببر شیر شمالی ہندوستان میں بھی آباد کئے جائیں۔ تاکہ اِن کی نسل بڑھ سکے۔ اِس خیال سے اتر پردیش سرکار نے چندر پربھا نام کی ایک پناہ گاہ بنانے کا فیصلہ کیا ہے یہ پناہ گاہ بنارس کے پاس واقع ہے۔ شروع شروع میں اس پناہ گاہ میں ایک ببر شیر اَور دو ببر شیرنیاں دسمبر ۱۹۵۷ء میں آباد کی گئیں۔ ایک ببر شیرنی نے ایک بچّے کو جنم دیا۔ جسے بدقسمتی سے کسی شکاری نے مار ڈالا۔ دوسری ببر شیرنی نے ۱۹۶۰ء میں دو بچوں کو جنم دیا۔ اور جنگلوں سے پار ہوتے ہوتے بہار کے جنگلوں تک جا پہنچی۔ پھر ایک دن واپس اتر پردیش کے اُسی جنگل میں لوٹ آئی۔ جہاں سے چلی تھی۔

لیکن اس کے ساتھ اب صرف ایک بچہ تھا۔ اُدھر پہلی ببر شیرنی نے ۱۹۶۶ء میں ایک اور بچے کو جنم دیا۔ اور دوسری نے ۱۹۶۲ء میں مزید دو بچوں کو۔ تازہ اطلاع کے مطابق چندر پربھا کی پناہ گاہ میں ببر شیروں کی تعداد آج کل سات تک پہنچ چکی ہے۔

ببر شیر کا شکار

گر جنگل ببر شیر کے شکار کے لئے بہت مشہور ہے۔ اور ببر شیر کے شکار کو بہت مدت سے شاہی شکار سمجھا جاتا ہے۔ اِن جنگلوں میں ببر شیر کا شکار اُسی طرح مقبول ہے جس طرح کشمیر میں بارہ سنگھے کا یا نیپال میں شیر کا۔ انگریزی راج کے زمانے میں وائسرائے۔ کمانڈر انچیف۔ بمبئی کے گورنر۔ ہندوستانی راجے، نواب اور رئیس لوگ ببر شیر کا شکار بڑے شوق سے کرتے تھے۔ ایک بار لارڈ کرزن (جو اُن دنوں وائسرائے تھے) نے بھی ببر شیر کے شکار کی خواہش ظاہر کی۔ ہندوستان کی آزادی کے بعد کے دنوں میں سوراشٹر کے گورنر جام صاحب ببر شیر کے ایک بڑے شکاری تھے۔ آجکل ببر شیر "قومی جانور" قرار دئے جانے کی وجہ سے اُس کے شکار پر پوری پابندی کردی گئی ہے۔ لیکن ببر شیر کے شکار کی کہانیاں برسوں لوگ سناتے رہیں گے۔

افریقہ کا جنگل ببر شیروں سے بھرا پڑا ہے اس لئے وہاں ببر شیر کا شکار بڑا مقبول ہے۔ وہاں انگریز سیاح اور شکاری بڑے شوق سے ببر شیر کا شکار کرتے ہیں۔ ایک مشہور انگریز شکاری نے افریقہ کے جنگلوں میں ببر شیر کے شکار کی بڑی دلچسپ ڈائری

لکھی ہے یہ شکاری ٹٹو پر بیٹھ کر بندوق سے ببر شیر کا شکار کیا کرتا تھا۔ افریقہ کے اس جنگل میں جنگلی ہاتھی۔ گینڈا۔ ہرن اور شیر سب پائے جاتے ہیں۔ کرسمس کے دنوں میں کیے گئے ایک شکار کا بیان شکاری یوں کرتا ہے۔ ہمارے آگے درختوں کا ایک جھنڈ تھا۔ میری رائے میں یہ جھنڈ ببر شیروں اور ہماری نظر میں حائل تھا۔ اگرچہ وہ جگہ ہم سے دُور تھی۔ لیکن ممکن تھا کہ جھنڈ پار کرتے ہی ہماری نگاہیں ببر شیروں پر جا پڑیں چناں چہ یہی ہُوا۔ ہم نے جھنڈ کو پار کیا۔ تو ببر شیروں کا ہجوم سامنے تھا۔ وہ ہم سے لگ بھگ ڈیڑھ سو گز دُور تھے۔ اور ایک نعش پر لوٹ رہے تھے۔ انہیں اس کا بالکل احساس نہیں تھا کہ ہم ان کے نزدیک پہنچ چکے ہیں۔

کچھ وقت کے بعد سب ببر شیر اور شیرنیاں آگے بڑھ گئیں۔ شکاری کچھ لمحوں

کے لئے ٹھٹکا۔ ٹیلے کے نیچے نالے کے منہ سے اُسے ببر شیر کے غرّانے کی آواز آئی۔ اب ایک ببر شیرنی اُس کے سامنے تھی۔ جو اُس پر غرّا رہی تھی۔ دیکھتے ہی دیکھتے اُس کی دُم ہینڈل کی طرح لہرانے لگی۔ اب شکاری ببر شیرنی اور ٹٹو کے درمیان کھڑا تھا۔ یہ ٹٹو شکاری کی سواری کا تھا۔ ٹٹو اُس وقت شکاری سے آٹھ دس گز دُور تھا۔ شکاری نے ببر شیرنی پر پستول تان دیا۔ اور ٹٹو کو آواز دی۔ دوسرے لمحے ٹٹو اس کی باہوں کے نیچے تھا۔ اور وہ اُچھل کر سوار ہو چکا تھا۔ ٹٹو سرپٹ بھاگنے لگا۔ ببر شیرنی بلا کی تیز تھی۔ ہر گذرنے والے لمحے کے ساتھ ٹٹو اور ببر شیرنی کے درمیان فاصلہ تنگ ہوتا گیا۔ کچھ لمحوں بعد شکاری نے دیکھا کہ ببر شیرنی کا جسم ہوا میں دائیں طرف سے جست بھرتا ہوا اُس کی طرف بڑھ رہا تھا۔ اس کے جسم کا فاصلہ شکاری سے بمشکل تین گز دُور تھا۔ اس لمحے شکاری کے پستول سے دو گولیاں نکلیں۔ اور ببر شیرنی کا جسم زمین پر آرہا۔ اس کے جسم سے خون نکل رہا تھا۔ ٹٹو کی تیز رفتاری سے تیسری گولی زمین پر جا لگی۔

ببر شیرنی تیز رفتار سے بھاگ کھڑی ہوئی۔ شکاری اُس کا پیچھا کرتا گیا۔ ببر شیرنی آہستہ آہستہ اوجھل ہو گئی۔ شکاری رائفل بھر کر خون کے نشانوں کی مدد سے گھاس میں گھس آیا۔ خون کی دھار متواتر تھی۔ بلکہ ایک جگہ پر خون کی بڑی مقدار نظر آئی۔ ظاہر ہے ببر شیرنی نے وہاں کچھ دیر آرام کیا تھا۔ اور پھر چل پڑی۔ زخمی ببر شیرنی کا پیچھا سب سے مشکل کام ہے۔ خون کی دھار متواتر ایک طرف بڑھ رہی تھی۔ اور شکاری خطرے سے بے پرواہ ہو کر آگے بڑھتا جا رہا تھا۔ اُس نے مجنوں ہی درختوں کے جھنڈ کو پار کیا۔ ندی سامنے تھی۔ اِس وقت ببر شیرنی پانی کے

کنارے موجود تھی۔ اُس کے آس پاس خون کی خاصی مقدار موجود تھی ۔ شکاری نے فوراً گولی داغ دی۔ ببر شیرنی کا جسم معمولی سا ہلا اور پھر ٹھنڈا ہو گیا۔

جنوری سے مارچ تک کے دنوں میں گِر کے جنگلوں میں آباد شیر کھلی دھوپ میں دن بھر ستاتے رہتے ہیں۔ ایک ہندوستانی شکاری گِر کے جنگلوں میں ایکبار ببر شیروں کی تصویریں اتارنے کے لئے پہنچا ببر شیر عام طور پر کیمرے سے نفرت کرتا ہے۔ اور تصویر کھچوانا اس کی عادت نہیں۔ شکاری درختوں کی آڑ میں چھپ کر تصویریں اتارتا رہا۔ اس طرح اُس نے ببر شیر۔ ببر شیرنی اور اُن کے بچوں کی کئی تصویریں کئی رنگوں میں اور کئی زاویوں سے اُتارلیں۔

گِر کے جنگل میں کچھ دن رہ کر ایک شکاری نے ببر شیر کی روزانہ زندگی کا مشاہدہ کیا۔ یہ شکاری کچھ دن مچان پر پڑا رہا جہاں سے وہ ببر شیر کے پورے خاندان کو اچھی طرح سے دیکھ سکتا تھا۔ ایک دن ایک ببر شیر دو ببر شیرنیاں اور پانچ چھوٹے چھوٹے بچے جن کی عمر لگ بھگ دو ماہ ہو گی ۔ مچان کے نیچے گھاس پر کھیلنے لگے۔ اور دونوں ببر شیرنیاں جھاڑیوں کے پاس بڑے اطمینان سے لیٹ گئیں اور بچے اُن کے سامنے کھیلتے رہے۔

بچے اِدھر اُدھر اچھلتے ہلکی پھلکی شرارتیں کرتے۔ ایک دوسرے کے پیچھے کچھ فاصلے تک بھاگتے۔ جب وہ کچھ دُور نکل جاتے تو مادہ ببر شیرنیاں ایک خاص آواز سے انہیں واپس آنے کو کہتیں ۔ بچے فوراً اپنی اپنی ماؤں کے پاس پہنچ جاتے۔ جب دو بچے ایک ببر شیرنی کے پاس اور تین بچے دوسری ببر شیرنی کے پاس آ کھڑے ہوئے تو شکاری نے سمجھ لیا کہ وہ اُن کے اپنے اپنے بچے ہوں گے۔

بچے دوبارہ کھیلنے لگے۔ اُدھر لگ بھگ ایک گھنٹہ بعد ببر شیر کے غرّانے کی آوازیں آنے لگیں اور ببر شیر منہ میں بھینس کی نعش دبائے آ پہنچا۔ یہ بھینس ببر شیر شکار کرکے لایا تھا۔ ببر شیر نے بھینس کی نعش بچوں کے آگے پھینک دی اب پانچوں پلّے ایک دم نعش پر ٹوٹ پڑے۔ پلّے پوری نعش صاف نہ کرسکے اور دوبارہ کھیل کود میں مصروف ہوگئے۔

اب ببر شیرنیاں اُٹھیں۔ اور دونوں نے رہی سہی نعش صاف کردی۔ کچھ وقت بعد ببر شیر دوبارہ ایک نامکمل نعش اُٹھائے آ پہنچا اور یہ نعش شیرنیوں کے آگے پھینک دی۔ اب تینوں نے اس نعش کو مزے سے کھانا شروع کیا۔ اور چند منٹوں میں ہڈیاں تک صاف کرگئے۔

یاد رہے کہ ببر شیر دوسرے جانوروں کا کیا ہُوا شکار نہیں کھاتا۔ ہاں کبھی کبھار خود سے مرا ہُوا یا دوسرے جانوروں کا کیا ہوا شکار بھی کھا لیتا ہے۔ جہاں غذا ملنے میں مشکل ہوتی ہے وہاں ببر شیر بڑا بہادر اَور خونخوار ہو جاتا ہے۔ دراصل ببر شیر جب بھوکا ہوتا ہے۔ تبھی شکار کرتا ہے پیٹ بھرنے کے بعد وہ جانوروں کی طرف نظر اُٹھا کر نہیں دیکھتا۔

ببر شیر اور ببر شیرنی کا ساتھ عُمر بھر کا ہوتا ہے۔ اُن کے بچّے ہر موسم میں پیدا ہوتے ہیں۔ اُن کے خاندان میں بڑا ایکا ہوتا ہے ببر شیرنیاں مِل جُل کر رہتی ہیں اور سوتیلے بچّوں کی دیکھ بھال بھی کرتی ہیں۔ عام طور پر ایک ببر شیر دو ببر شیرنیوں سے بیاہ رچاتا ہے۔ بچہ پیدا ہونے کے دنوں میں ببر شیرنی اور ببر شیر اپنے گلّے کو چھوڑ کر کسی محفوظ جگہ پر چلے جاتے ہیں۔ کئی بار بچوں کی پیدائش سے کافی عرصہ پہلے ببر شیرنی اپنے نر سے الگ ہو جاتی ہے۔ اور کسی غار یا گھنی جھاڑی میں رہنے لگتی ہے۔ بچے جب پیدا ہوتے ہیں تو بِلّی کے بچّوں کے برابر ہوتے ہیں۔ بچے پیدا ہونے پر ماں اِن کے جسم کو چاٹتی ہے۔ اس طرح ان کا خون باقاعدہ گردش کرنے لگتا ہے۔ دوسرے اُن کے جسم کی صفائی بھی ہو جاتی ہے۔ چھوٹے بچوں کے ساتھ ماں تقریباً ہر وقت رہتی ہے۔ ماں کی غیر حاضری میں بچّے چُپ چاپ پڑے رہتے ہیں۔ اور بالکل آواز نہیں نکالتے۔ تاکہ اِن کی موجودگی کا پتہ نہ چلے۔ پیدائش کے ۱۵۔ ۲۰ دن بعد بچوں کی آنکھیں کھُل جاتی ہیں۔ اس دوران میں اُن کی پرورش صرف ماں کے دوُدھ پر ہوتی ہے۔ تین ماہ کی عُمر کے بعد وہ ماں کے ساتھ رہنے لگتے ہیں اور ۱۶ ماہ کی عُمر میں شکار کرنا سیکھنا شروع کر دیتے ہیں۔ ۵ سال میں ببر شیر کے بچّے کی جسمانی ساخت مکمل ہو جاتی ہے۔

اور اُس وقت اُس کے سُننے کی طاقت بہت تیز ہو جاتی ہے۔

جب بچّے بڑے ہو جاتے ہیں۔ تو یہ دوسرے گلّے میں جا ملتے ہیں اور دوسرے بچوّں سے بھی مانوس ہو جاتے ہیں۔ اگر اِن کی ماں شکار پر جاتی ہے تو دوسری ببر شیرنیاں انہیں دوُدھ پلا دیتی ہیں۔ ببر شیرنیاں کافی چست و چالاک ہوتی ہیں۔

پالتُو جانور

کیا ببر شیر پالتو جانور بھی ہو سکتا ہے؟ آپ نے کئی بار اس کا جواب سوچا ہو گا۔ اَور سرکس اور چڑیا گھروں میں تو ببر شیر ہم سب نے دیکھے ہیں ہی۔ وہاں انہیں سدھا کر کئی طرح کے تماشے اور کرتب سکھائے جاتے ہیں۔ جن سے تماشائی لُطف اندوز ہوتے

ہیں۔ سرکس میں سدھائے ہوئے ببر شیر کے کھیل کو دیکھ کر ہر آدمی اس کے متعلق رائے بدل لے گا۔ جانوروں کی دیکھ بھال کرنے کے ماہروں کا خیال ہے کہ ببر شیر کو بھی دوسرے پالتو جانوروں مثلاً بلی۔ طوطے۔ کتے اور بکری کی طرح پالا جا سکتا ہے۔ ظاہر ہے اگر ببر شیر کو سدھا کر دوسرے جانوروں کی طرح پالا جائے تو ببر شیر پالتو جانوروں کی طرح انسان کا دوست بن سکتا ہے اور بے ضرر ثابت ہو سکتا ہے۔ انسان اور ببر شیر کی دوستی کی کئی دلچسپ مثالیں موجود ہیں۔

امریکہ میں ایک شوقین نے ہالی ووڈ سے صرف پچاس میل کے فاصلہ پر لگ بھگ ۲۶۰ ایکڑ کے رقبے میں ایک ایسا جنگل بنا رکھا ہے۔ جسے اس نے پیار سے "امریکہ کا افریقہ" نام دے رکھا ہے۔ اس جنگل میں چھ سو خونخوار درندے آزادانہ گھومتے پھرتے ہیں۔ جن میں مگر مچھ۔ اجگر۔ چیتا۔ شیر۔ ببر شیر۔ ریچھ۔ گینڈا۔ ہاتھی۔ زیبرا۔ جنگلی بھینسا۔ بن مانس۔ جنگلی گھوڑا قابلِ ذکر ہیں۔ دنیا بھر کے درندے بھی وہاں جمع ہیں۔ اور سب سے زیادہ دلچسپ بات یہ ہے کہ یہ سب جانور اکھٹے کھلے میدان میں بیٹھے یا گھومتے رہتے ہیں۔ اور ایک دوسرے پر حملہ نہیں کرتے۔

ایک دن ایک اخبار نویس اس جنگل کو دیکھنے کے لیئے گیا۔ اس دن اس نے قدرت کے کئی حیرت انگیز تماشے دیکھے۔ ابھی وہ کار ہی میں بیٹھا تھا کہ اس نے کار کی بند کھڑکیوں سے ایک طاقت ور ببر شیر کو مست رفتار سے چلتے ہوئے دیکھا۔ اچانک اس جنگل میں سے ایک شتر مرغ تیر کی طرح بھاگتا ہوا ببر شیر کے سامنے سے نکل گیا۔ ببر شیر نے ایک نظر تو اسے بھاگتے ہوئے دیکھا

پھر ببر شیر نے دو چار جست لگا کر شُتر مُرغ کو جا لیا اور پنجے کے ایک ہی وار سے اُسے نیچے زمین پر لڑھکا دیا۔ اس کے بعد اُس کے پیٹ میں جو مُنہ مارا تو دیکھنے والے نے سمجھا کہ ببر شیر اب شتر مُرغ کو کھا جائے گا۔ لیکن ببر شیر نے جب مُنہ اُٹھایا تو اُس کے مُنہ میں شُتر مُرغ کا صرف ایک ہی پنکھ تھا۔

ببر شیر نے پاؤں کی ایک ہی ٹھوکر سے شُتر مُرغ کو پھر ایک طرف کو لڑھکا دیا۔ اور اُس کا پنکھ مُنہ میں دبائے واپسی کی راہ پکڑلی۔ شتر مُرغ کڑیں کڑیں کرتا ہوا پھر سرپٹ بھاگ نکلا۔ اخبار نویس ببر شیر کا ایسا تماشہ دیکھ کر بڑا حیران ہُوا۔

اس جنگل کے امریکی مالک نے سب ببر شیروں کے نام رکھ چھوڑے ہیں۔ جنہیں وہ اُن ناموں سے پُکارتا ہے۔ ان میں سے ایک ببر شیر کا نام مجبر ہے۔ یہ ببر شیر ہر وقت اپنے مالک کے ساتھ گھومتا ہے۔ یہاں تک کہ وہ اپنے مالک کے پاس ڈرائینگ روم اور سونے کے کمرے میں بھی بیٹھا رہتا ہے۔ ایک بار امریکی کا ایک دوست اس کے پاس بیٹھا چائے پی رہا تھا۔ کہ ببر شیر پر نظر پڑتے ہی وہ اُٹھ کر بھاگنے لگا۔ امریکی نے فوراً دوست کا ہاتھ تھام لیا اور اُسے سمجھایا کہ وہ خوفزدہ ہوکر نہ بھاگے۔ ایسی حالت میں یہ ممکن تھا کہ ببر شیر اُس پر حملہ کر دیتا۔ دوست کا دل ایسا مشورہ ماننے کو تیار نہ تھا۔ ہاں اُس نے چار و ناچار مشورہ قبول کر لیا اور اپنی جگہ بیٹھا رہا۔ ویسے یہ ضرور سچ ہے کہ اُس کا سانس سوکھتا رہا اور وہ لگاتار ببر شیر سے خوف زدہ رہا۔ مزے دار بات یہ ہے کہ ببر شیر نے مہمان کی طرف کوئی دھیان نہیں دیا۔

جہاں امریکہ میں یہ ببر شیر اس طرح ایک بے ضرر شہری کی طرح رہتا ہے اور

اپنی جنگلی اور خونخوار عادات کا مظاہرہ نہیں کرتا اس کے مقابلے میں ایسی مثالیں بھی موجود ہیں۔ جہاں ببر شیر نے ایک دن اپنے اُستاد (تربیت دہندہ) ہی پر حملہ کر دیا۔ اس ببر شیر کو پیار سے سیزر کے نام سے پکارا جاتا تھا۔ سیزر اور گوٹنکا بیکر میں بڑی دوستی تھی اور دونوں ایک دوسرے کی عزت کرتے۔ گوٹنکا بیکر ایک سرکس میں ببر شیر کو سدھانے اور کئی طرح کے کھیل کھلانے کی اعلیٰ تربیت دیا کرتا تھا۔ دونوں کی دوستی پر ہر آدمی بڑا حیران تھا۔ سرکس کے کھیل کے دوران جب گوٹنکا بیکر اپنا ننگ دھڑنگ سر ببر شیر کے کھلے ہوئے مُنہ میں کئی منٹوں کے لیے رکھ دیتا تو تماشائی حیرت سے مُنہ میں انگلیاں ڈال لیتے اور اس تماشے پر پورا سرکس تالیوں سے گونج اُٹھتا۔ کچھ سال سرکس میں رہنے کے بعد سیزر بہت بوڑھا ہوگیا تھا۔ اس لیئے سرکس کے مالک نے سیزر گوٹنکا بیکر کو تحفہ دیتے ہوئے اسے کھیل تماشے سے ریٹائر کر دیا۔ بیکر کو سیزر سے بے پناہ محبت تھی۔ وہ اُسے اپنے گھر لے آیا اور اُسے ساتھ آباد کر دیا۔ سیزر اپنے تربیت دہندہ کے ساتھ ایک پالتو جانور کی طرح رہتا۔ بیکر کے ساتھ باغ میں گھومتا اور صرف رات کو اپنی اپنی جگہوں پر دونوں سونے کے لیے الگ ہو جاتے۔

سیزر کے انسانی بستی میں آباد ہونے سے پڑوسیوں میں کچھ دہشت کی فضا پیدا ہوگئی۔ یہ لوگ گوٹنکا بیکر سے کہتے "ببر شیر آخر کار درندہ ہے اُس کا انسانی آبادی میں رہنا خطرے سے خالی نہیں۔ اس لیئے اُسے کھُلا نہ چھوڑا جائے بلکہ اُسے پنجرے میں بند رکھا جائے۔" بیکر ایسی شکایت پر زیادہ دھیان نہ دیتے ہوئے کہتا۔ "سیزر کئی سال سے میرا دوست ہے اور میں

اپنے دوست کو قیدی نہیں بنا سکتا۔ ایسے دوست پر بداعتمادی کے کیا معنی؟"

لیکن گوٹکا بیکر کے ایسے جواب سے پڑوسی مطمئن نہیں ہوتے۔ ایک دن انہوں نے مقامی افسروں تک اپنی شکایت پہنچا دی۔ جنہوں نے فی الفور گوٹکا بیکر کو طلب کیا اور اس سے کہا۔" تم اس ببر شیر کو یا تو کسی چڑیا گھر بھیج دو یا یہ ثابت کردو کہ یہ بالکل نقصان نہیں پہنچاتا۔"

گوٹکا بیکر نے سرکاری چیلنج منظور کر لیا۔ اور ایک دن پورا قصبہ سیزر اور بیکر کی دوستی کا مظاہرہ دیکھنے کے لیے جمع ہو گیا۔ وقت مقررہ پر ۴۸ سالہ بیکر میدان میں داخل ہوا جہاں اُس کا ساتھی سیزر پہلے ہی خراماں گھوم رہا تھا۔ دونوں نے ایک دوسرے سے ہاتھ ملایا۔ بیکر نے ببر شیر کے سر پر ہاتھ پھیرا۔

اُس کی پیٹھ تھتھپائی۔ سیزر خاموش رہا۔

اب گونکا بیکر ایک ہی جست میں اس پر بیٹھ گیا اور اپنے دونوں ہاتھوں سے اُس کا منہ بند کر دیا۔ ببر شیر اب بھی بالکل خاموش اور بے حس بیٹھا رہا۔ اس پر گونکا بیکر نے میدان میں چاروں طرف لوگوں کے ہجوم کو خطاب کرتے ہوئے بڑے فخر سے کہا "میرے خیال میں اب لوگوں کو بھروسہ ہو گیا ہو گا کہ میرا دوست درندہ ہونے کے باوجود بالکل بے ضرر ہے"

لیکن یہ کیا!

ابھی گونکا بیکر نے اتنا ہی کہا تھا کہ ببر شیر پورے زور سے دہاڑا اور یکایک گونکا بیکر کو اوپر اُچھال دیا۔ گونکا جب دھڑام سے زمین پر گر پڑا تو ببر شیر اس پر جھپٹ پڑا۔ اب دونوں میں زندگی اور موت کی جنگ شروع ہو گئی۔ گونکا بالکل نہتا اور بے بس تھا۔ اُس کا سارا جسم پسینے سے تر ہو گیا۔ چاروں طرف عورتوں اور بچّوں نے چیخنا شروع کر دیا۔ پولیس نے ببر شیر پر بندوقیں تان لیں سب لوگ حیران و پریشان ہو گئے۔

دو تین منٹ تک گونکا اور سیزر ایک دوسرے سے لڑتے رہے۔ اب گونکا بیکر کا بازو زخمی ہو گیا۔ ممکن تھا کہ ببر شیر انسانی دوست کی گردن میں اپنے دانت پیوست کر دیتا کہ گونکا بیکر یکایک چیخا "مجھے بچاؤ۔ مجھے بچاؤ۔ میرے دوست کو گولی مار دو"

ہجوم میں کھڑے ایک کانسٹیبل نے ببر شیر کو گولی مار دی۔ ببر شیر نے ایک چیخ بلند کی۔ کچھ اُچھلا اور پھر وہیں ڈھیر ہو گیا۔ بے ہوش گونکا بیکر کو ہسپتال میں داخل کر دیا گیا۔ ایک آدھ گھنٹے بعد جب اس کی آنکھ کھُلی اور اُسے کچھ ہوش آیا تو اس نے

ڈاکٹروں سے گذارش کی کہ اُس کے دس سالہ دوست کو بڑی عزّت سے دفن کیا جائے۔ اور یہ کہتے ہوئے گوٹکا بیکر کی آنکھوں کے سامنے اس کے دوست کی تصویر پھرنے لگی ۔ اس کا دل بھر آیا اور اس کی آنکھوں میں بے اختیار آنسو اُمڈ آئے۔

ببر شیر کو انگریزی میں " پنتھیرالیو پرسیکا " اور افریقہ کے ببر شیر کو "پنتھیرالیو لیو " کہتے ہیں۔ ان دونوں میں کچھ فرق ضرور ہے۔مثلاً کھوپڑی کا فرق۔ باقی عادتیں دونوں کی لگ بھگ ایک سی ہیں۔ ہندوستان کے ببر شیر کی دُم کا گچھّا ذرا بڑا ہوتا ہے۔ افریقی ببر شیر کے پیٹ پر لمبے بالوں کی دھاریاں ہوتی ہیں۔ جو ہندوستانی ببر شیر میں نہیں پائی جاتیں۔ طاقت میں ہندوستانی ببر شیر اپنے افریقی مقابل سے زیادہ ہوتا ہے۔ اور اس کے سر کے گرد اور کان سے ناک تک کے حلقوں کے بال لمبے ہوتے ہیں۔ دونوں کے بچوں کے جسم پر خاکی رنگ کے دھبّے ہوتے ہیں۔ جو عُمر کے ساتھ ساتھ بڑے ہوتے رہتے ہیں۔ پیٹ کے آس پاس یہ دھبّے زیادہ نمایاں ہوتے ہیں۔

ببر شیر کا شکار ویسے شروع ہی سے شاہی شکار مانا جاتا ہے۔ ہاں مغل بادشاہوں کے لیئے یہ ایک محبوب شغل تھا۔ بادشاہ اور شہزادے ببر شیر کا شکار کیا کرتے تھے۔ اُن دنوں دِلّی مغل راج کی راجدھانی تھی۔ خوش قسمتی سے اُن دنوں ببر شیر اورتو اور دہلی کے آس پاس کے علاقے میں بھی پایا جاتا تھا۔ شکار کا شوق انگریزی راج میں بھی رہا۔ لگ بھگ سو سال پہلے ایک انگریز شکاری نے شمالی ہندوستان کے جنگلوں میں تقریباً اسّی ببر شیروں کا شکار کیا۔ اس کا نتیجہ قومی نقصان میں ہُوا کہ آج شمالی ہندوستان میں ببر شیر نام کو نہیں ملتا۔

راجے اور نواب ببر شیر کو شکار کرکے گھر لے آتے تھے۔ اور اُس کی کھال کو اچھی طرح سُکھا کر اُس میں گھاس یا بُھس بھر کر اُنہیں اپنے محلوں میں سجا دیتے تھے۔

اسیریا کے ایک بادشاہ ببر شیر کے بڑے مشہور اور شوقین شکاری تھے۔ ایک بادشاہ نے تو لگ بھگ چار سو ببر شیروں کا شکار کیا تھا۔ اُن ببر شیروں کے مجسمے اور تصویریں آج بھی اسیریا کے محلوں میں پائی جاتی ہیں۔

آپ نے ببر شیروں کی بُھس بھری کھالیں پُرانے محلوں یا نمائش گھروں میں ضرور دیکھی ہوں گی۔ کتنی بار بچے اور عورتیں ان پر نظر پڑتے ہی چلانا شروع کر دیتے ہیں۔ قیاس کیجیے اگر بُھس کی بجائے ببر شیر کی کھال میں جان ہوتی تو

نہ جانے کیا گُل کھلا دیتا۔

ببر شیر کا شکار کوئی کھیل نہیں۔ ایسا بھی ہو سکتا ہے کہ شکاری خود ہی شکار بن جائے۔ یا شکاری کے نوکر یا ساتھی ببر شیر کا لقمہ بن جائیں۔ اس لئے ببر شیر کے شکار میں بڑی احتیاط رکھنی پڑتی ہے۔ بہت برسوں پہلے کی بات ہے۔ کہ ایک شکاری اپنے چند ساتھیوں اور نوکروں کے ساتھ ببر شیر کے شکار کے لیے نکلا۔ خوش قسمتی سے شکاری پہلے ہی داؤ میں ایک بہت بڑا چیتا مار کرلے آیا۔ شکاری اور اُس کے ساتھی اپنی کامیابی پر بڑے خوش ہوئے۔ کچھ لوگ کھانا کھانے لگے۔ کچھ آرام کرنے لگے۔ اچانک ایک چیخ سُنائی دی۔ شکاری اور اس کے ساتھی بندوقیں سنبھالے اُس طرف بھاگ کھڑے ہوئے۔ یہ کیا! ایک ببر شیر شکاری کے ایک ساتھی کو اُٹھا کر بھاگ نکلا۔

کچھ فاصلہ طے کرنے کے بعد خون کے دھبّے نظر آنے لگے اور دھبّے بڑھتے گئے۔ چند گز کے فاصلے پر جھاڑیوں میں شکاری کے ساتھی کی پھٹی ہوئی قمیض کا کالر اُلجھا ہوا نظر آیا۔ اور اُس جگہ سے کچھ قدموں کے فاصلے پر ایک نیم جان جسم خون میں لت پت پڑا تھا۔ جسم سے جان تقریباً نکل چکی تھی۔ جسم کے کئی حصّے کٹے ہوئے تھے۔ ہاتھ ٹُنڈا اور پاؤں لنگڑا ہو چکا تھا۔ شکاری بڑی مشکل سے اُن کی شکل پہچان سکا۔ ببر شیر کی طرف سے اتنی زیادتی دیکھ کر شکاری نے بڑا غم و غصّہ محسوس کیا۔

شکاری ببر شیر کی تلاش میں آگے بڑھتا گیا۔ آخر ایک جگہ جھاڑیوں کی آڑ میں ببر شیر بیٹھا نظر آیا۔ جو بڑا قوی ہیکل اور طاقت ور تھا۔ ببر شیر کچھ کچھ وقفہ

کے بعد غرّاتا۔جس سے ساری فضا میں دہشت پھیل جاتی ۔ شکاری بندوق سنبھالے اور نشانہ لگائے آگے بڑھتا گیا۔شکاری نے ایک دم بندوق کا گھوڑا دبادیا۔گولی ببر شیر کے پیٹ کے پار ہوگئی ۔ اس کے ساتھ ہی ببر شیر غراتا ہوا بھاگ نکلا۔ وہ تیز رفتار سے ایک ٹیلے کی طرف بھاگ گیا۔شکاری نے ایک اور گولی داغ دی ۔ یہ گولی بڑے زور سے لگی۔ببر شیر لڑھک کرگرپڑا۔ لڑھکتے ہوئے اس کی بلند گرج میلوں تک سنائی دے رہی تھی۔

شکاری نے احتیاطاً تیسری گولی داغ دی ۔ جو ببر شیر کی کھوپڑی پہ لگی۔ کچھ منٹوں تک "غوں غوں" کی آواز بلند ہوتی رہی ۔ یہاں تک کہ ببر شیر

کی آواز بالکل خاموشی میں بدل گئی۔ اس کا جسم کئی منٹوں تک ہلتا رہا۔ جب فضا میں مکمل خاموشی ہوگئی۔ اور ببر شیر کا جسم ہلنا بند ہوگیا— تو شکاری آگے بڑھا۔ اور ببر شیر کے نزدیک پہنچ کر یہ تصدیق کی کہ وہ واقعی مر چکا تھا۔

فن اور ادب میں

ببر شیر کئی طرز سے فن میں بھی موضوع کے طور پر استعمال ہوتا ہے۔ اِس کا نشان بہادری۔ جاہ و جلال رُعب و دہشت اور عظمت کا نشان ہے۔ انگلستان میں ببر شیر کی تصویریں فوجی تمغوں اور انعام واکرام کے فرمانوں پر جڑی جاتی ہیں اور ہندوستان میں تو پرانے زمانے ہی سے اسے ایک ممتاز مقام دیا گیا ہے۔ پرانے مندروں اور تاریخی جگہوں جیسے اجنتا کی تصویروں اور ایلورا کی گپھاؤں میں ببر شیر کی بڑی بڑی مورتیاں آپ آج بھی دیکھ سکتے ہیں۔ ایک روایت ہے کہ ان بڑی بڑی تصویروں اور مجسموں کی دہشت سے چور اور ڈاکو خوفزدہ ہوجاتے تھے یہ تصویریں اور مجسمے ہمارے فن و تہذیب کی علامتیں ہیں۔ اشوکِ اعظم نے ببر شیر کی مورتی کو اپنے عہد میں اپنے راج کا ایک نشان بنایا۔ اس کے زمانے کی بنائی ہوئی لاٹ آج بھی بہار میں یادگار کے طور پر کھڑی ہے۔ لاٹ کی چوٹی

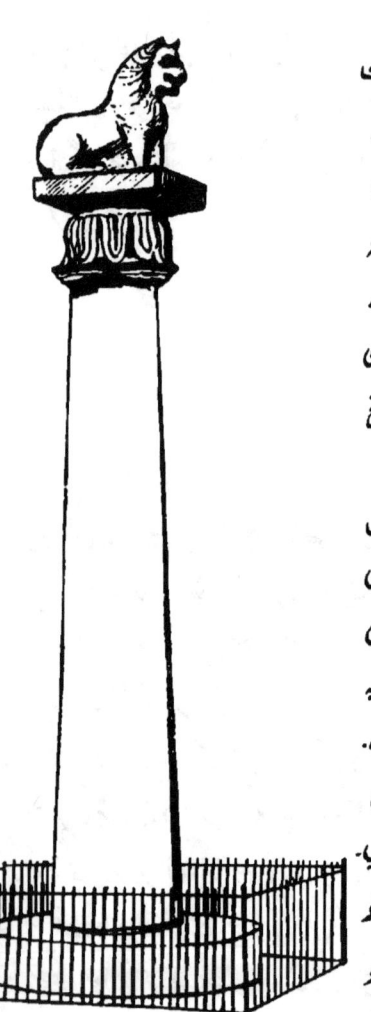

پر ببر شیر کی مورتی بنی ہوئی ہے ۔ جس کی اہمیت آج کے زمانے میں بہت بڑھ گئی ہے ۔ کیونکہ نئے ہندوستان نے ایسی ہی مورتی کو قومی نشان کے طور پر اپنا لیا ہے ۔ آپ نے چار منہ والی ببر شیر کی تصویر بھارت سرکار کے ہر فرمان پر، کرنسی نوٹ پر، اور ہر سرکاری اعزاز پر لگی دیکھی ہوگی ۔ ببر شیر کو تاریخ وفن میں کتنا عظیم مقام حاصل ہے ؟

لفظ شیر کو ہندوستانی ادب میں ایک باعزت جگہ حاصل ہے ۔ اسے بہادر آدمی کے لیئے استعمال کرتے ہیں ۔ یعنی جب کسی آدمی کی بہادری بیان کرنا ہو تو چونکہ یہ خوبی شیر اور آدمی دونوں میں پائی جاتی ہے ۔ اس لیئے ایسے آدمی کو لفظ "شیر" ہی سے خطاب کرکے یہ معنی ادا ہو جاتے ہیں ۔ دلیر آدمیوں کو "شیر مرد" اور دلیر بچوں کو "شیر بچہ" کہتے ہیں ۔ حضرت علیؓ کو لقب کے طور پر "شیر خدا" کہتے ہیں ۔

مہاراجہ رنجیت سنگھ کو " شیر پنجاب "، پنجاب کے قومی لیڈر لالہ لاجپت رائے کو " شیر پنجاب " اور شیخ عبداللہ کو " شیر کشمیر " کہتے ہیں۔

غضب ناک شیر یا بہت بہادر انسان کو " شیر ژیاں " کہہ سکتے ہیں۔ اور تن و توش کا ایسا آدمی جو دیکھنے اور شیخی بگھارنے میں شیر ہو مگر بہادری میں بھیڑ سے بھی کم ہو اسے " شیر قالین " کہتے ہیں۔ دوسرے الفاظ میں ایسا آدمی اُس رنگ دار تصویر کے برابر ہے جو قالینوں پر اکثر بنی ہوتی ہے۔ اگر کوئی شخص درویشی کرتے ہوئے دُنیا کی عام زندگی سے کنارہ کرلے تو ایسے شخص کے متعلق یوں کہہ سکتے ہیں کہ اُس نے شیر کا برقع پہن لیا ہے۔

جب ایک زہر تیزی سے انسان کو ختم کرسکتا ہو۔ اُسے شیر کے بال سے تشبیہ دے سکتے ہیں۔

ایک آدمی دوسرے آدمی پر دلیر یا غالب ہو جائے تو یوں کہیں گے کہ پہلا آدمی دوسرے آدمی پر شیر ہوگیا۔ ایک آدمی جو دیکھنے میں توانا اور مضبوط ہو۔ لیکن مصیبت کے وقت اپنی دلیری کی جگہ بُزدلی سے کام لے تو اُسے " مٹی کا شیر " کہیں گے۔

لفظ شیر کو محاوروں میں بھی استعمال کرتے ہیں۔ جب عدل و انصاف کی کیفیت بیان کرنا ہو تو یوں کہتے ہیں " شیر اور بکری ایک گھاٹ پانی پیتے ہیں۔" اور جب ہم یہ کہنا چاہتے ہوں کہ بجائے زیادہ تعداد کے نیک اور اچھا آدمی ایک ہی کافی ہوتا ہے۔ تو کہہ سکتے ہیں " شیر کا ایک ہی بھلا " جب اچھا خاصا کھاتا پیتا آدمی لالچ یا خود غرضی کا شکار ہو جائے اور بغیر ضرورت سستی اور

گھٹیا چیز پر نظر رکھے تو ایسی صورتِ حال کو اس طرح محاورہ میں بیان کریں گے ۔ " فلاں حضرت شیر کے برقع میں چھیچھڑے کھاتے ہیں "۔

لفظ شیر کو اَور کئی معنوں میں بھی استعمال کرتے ہیں ۔ بِلّی کو " شیر کی خالہ " کہتے ہیں ۔ ایک خاص قسم کی چھوٹی بندوق کو " شیر بچہ " اور بچّوں کے ایک خاص کھیل کو " شیر بکری " کہتے ہیں ۔ ایسا مکان جو اندر داخل ہونے والے دروازے کی طرف سے عرض میں زیادہ اور پیچھے کی طرف سے کم ہو تو اِسے " شیر دہان " کہتے ہیں ۔

ہندوستان میں آدمیوں کے ناموں میں لفظ شیر خوب استعمال ہوتا ہے ۔ راجپوتوں ۔ سکھوں اور جاٹوں کے ناموں کے ساتھ " سنگھ " لفظ عام ہے ۔ اس کے علاوہ خود یہ لفظ کئی ناموں کا حصّہ بنتا ہے ۔ جیسے شیر جنگ ۔ شیر خاں ۔ شیر علی ۔ شیر سنگھ ۔ شیر چند ۔ شیر محمد ۔ شیر احمد ۔ شیر بہادر ۔ شیر کور ۔ شیر کماری ۔ اَور پھر آدھے نام جیسے شیرا یا شیرو ۔

آخر میں اِس مُلک کے مشہور شاعر مرزا غالبؔ کی زندگی کا ایک قصّہ سُنیئے ۔ مرزا غالب کا پُورا نام اسد اللہ خاں تھا اور شاعری میں غالبؔ نام کو تخلص کے طَور پر استعمال کرتے تھے ۔ کہتے ہیں شروع شروع غالبؔ اپنے نام کے پہلے لفظ یعنی " اسدؔ " کو بھی تخلص کے طَور پر استعمال کرتے رہے ۔ جب تک وہ آگرے میں رہے اس تخلص سے کام لیا اور پھر جب دہلی آگئے تو بھی اس لفظ کو اپنے شعروں میں باندھتے رہے ۔ اسد کے معنی ہیں " شیر " روائت ہے کہ غالبؔ کے سامنے کسی

آدمی نے مرزا سودا (جو اُردو کے بہت بڑے شاعر ہوئے ہیں) کے ایک شاگرد میرا مانی کا یہ شعر پڑھا۔ یہ شاگرد اسد تخلص کرتے تھے۔

اسد اس جفا پر بتوں سے وفا کی
میرے شیر شاباش رحمت خدا کی

شعر پڑھنے کے بعد اُس نے شعر کی تعریف کے پُل باندھ دئے۔غالب نے سمجھا کہیں وہ حضرت یہ شعر غالب ہی کا نہ سمجھ بیٹھیں کیوں کہ غالب بھی اسد تخلص کرتے تھے۔ اس لئے انھوں نے فوراً کہا " مجھے جفا اور وفا۔بت اور خدا! - اسد اور شیر کے الفاظ کے استعمال سے بڑی کوفت ہوئی ہے۔ میں

شعر کی تعریف تو نہ کروں گا۔ ہاں یہ ضرور کہوں گا کہ اگر یہ شعر میرا ہے۔ تو مجھ پر خدا کی لعنت اور اگر کسی اور کا ہے تو اس پر بقول اس کے واقعی خدا کی رحمت ہو۔"

اسد تخلص سے بھی غالب کے کئی اچھے شعر اُن کے دیوان میں موجود ہیں۔ ایسے چند اشعار کا لطف آپ بھی لیجئے۔

ہر اک مکاں کو ہے مکیں سے شرف اسدؔ
مجنوں جو مرگیا ہے، تو جنگل اُداس ہے

○

فائدہ کیا؟ سوچ آخر تو بھی دانا ہے اسدؔ
دوستی ناداں کی ہے، جی کا زیاں ہو جائے گا

○

بیداد عشق سے نہیں ڈرتا۔ مگر اسدؔ
جس دل پہ ناز تھا مجھے وہ دل نہیں رہا

○

غم ہستی کا اسدؔ کس سے ہو جز مرگ علاج
شمع ہر رنگ میں جلتی ہے سحر ہونے تک

○

ہمارے شعر ہیں اب صرف دل لگی کے اسدؔ
کھلا کہ فائدہ عرضِ ہنر میں خاک نہیں

شیر کی کہانی مولوی محمد اسماعیل مرحوم کی نظم پر ختم کی جاتی ہے

نظم کیا ہے

شیر کی جسامت، کردار، سیرت پر ایک خوبصورت مرقع

اے شیر تیرے تن پہ ہے طاقت کا پوستین
شاہی کے حق میں کوئی بھی ساجھی نہیں تیرا

پیدا ہے تیرے رُخ سے تیری شوکت و جلال
ظاہر ہے تیری شکل سے باطن کا تیرے حال

دل تیرا بزدلی و غلامی سے ہے بَری
پھٹکے نہ تیرے پاس کبھی خوف اے جری

تیرا حریف کون ہے؟ جو تو ہٹے بچے
جھپکے نہ تیری آنکھ نہ گردن تری بچے

حق نے عطا کیا ہے تجھے زور بے خلل
فولاد کی رگیں ہیں تو دل ہے تیرا اٹل

گر سورما سے کوئی میدان کا دھنی
جوشن کر چار آئینہ یا خود آہنی

حملے سے تیرے بچنے کا کافی نہیں مگر
اللہ یہ تیرا حوصلہ! بل بے تیرا جگر

غرّا کے شیر کرتا ہے. جب جوش اور خروش
جنگل تمام ہوتا ہے سنسان اور خموش

پہچانتے ہیں جانور آواز شیر کی
اس ہول کی صدا سے دہلتا ہے سب کا جی

جاتی ہے ان کے پاؤں تلے سے زمیں نکل
ہیں بھاگتے کہ گویا تعاقب میں ہے اجل

اے شیر! اگر م خطّہ ہے تیرے لئے وطن
بیہڑ ہو۔ نیستاں ہو، جھاڑی ہو یا ہو بن

اے شیر! تو ہے شاہ، تیرا تخت ہے کچھار
ہے کس کو تیرے ملک میں دعوائے گیر و دار

بچوں کے لیے ایک مزیدار و سبق آموز سفرنامہ

سندباد جہازی

مصنف: حفیظ جالندھری

بین الاقوامی ایڈیشن شائع ہو چکا ہے